一見、落着、再び

私の日弁連事務総長物語

稲田 寛

中央大学出版部

著者ゆかりの越後の山「守門岳」より「青雲岳」と残雪を望む（撮影７月・Ⓒ園山貫雄 2010）

「守門岳」山頂：越後三山只見国定公園（守門岳は日本二百名山の一座）
（撮影７月・Ⓒ園山貫雄 2010）

「青雲岳」山頂：越後三山只見国定公園（撮影７月・Ⓒ園山貫雄 2010）

「守門岳」への登山道わきに咲いていた花々
（左）名花 ヒメサユリの花と蕾　（右）可憐なトキソウ
（撮影７月・Ⓒ椙山好久 2010）

初めに

三年前、『一見落着』を母校中央大学から上梓した。

弁護士の仕事は、一応の決着をみても、当事者の立場からみれば事件の後始末は終わっていない、一見落着しているように見えるにすぎない場合が多い、というのが「一見落着」と題した由縁であった。

その中で書き残したものもあり、「次回は裁判についての経験も書いてみたい」という想いもあった。今回はそのうちの若干、弁護士を志す人々に多少なりとも参考にして頂ければと思うことを中心に記すこととした。

また、四十数年に及ぶ弁護士生活の中で、ひょんなことから本来の弁護士の業務とやや異なった職務に取り組んだことがあった。それは日本弁護士連合会事務総長としての二年間であったが、私にとって初めての経験というだけでなく、その間に阪神淡路大震災やオームによる坂本弁護士一家殺害事件など、様々な事態が発生した。

日本弁護士連合会にとっては法曹人口（弁護士人口）の増員という問題を抱え、内外共に騒然とした時代でもあった。この時期を境に、司法試験も法曹人口についても大幅な改革が進められてきたが、今日に至り弁護士人口の見直しが論議されている。

思えば、その問題発生の都度真摯《しんし》に取り組んでいるものの、日弁連における活動も、一見落着の連続のように思えてならない。それだけに、事務総長時代の忘れ得ない出来事を書きとめておきたいという想いが、この中の「私の日弁連事務総長物語」となった。

それについて、極力当時の記録に当たってはみたものの、私の会務報告に使用したメモや記憶に任せた部分も少なくないし、日記のような自分の感想や想いもそのまま書き込んでいる。そのため、日弁連の会務に携わってきた人たちから見れば、誤った記載とのご指摘や異なったご意見があることも当然予測される。そのいろいろなご指摘やご意見については、次の機会に反映できればと考えている。

これらを踏まえ、本の副題を「私の日弁連事務総長物語」とした理由《わけ》をご理解頂ければ幸いである。

著者

目次

装画・挿絵——著者

本文における役職名等は当時のものである。
ただし、出版の時点で判明している事項は修正してある。

依頼者の心理

弁護士になったばかりの頃の出来事である。東京地方裁判所の八王子支部に係属した事件で、相手方の代理人（弁護士）は大学の研究室時代の先輩であり、弁護士会でも同じ会派の先輩の弁護士と対峙《たいじ》することになった。

私は、事件はともかく、久しぶりに先輩に会えることを楽しみにして一回目の裁判に臨み、傍聴席に座っていた先輩に『挨拶をしなければ』と近寄って行った。するとその先輩はクルッと横を向いてしまい、隣席の見知らぬ男性と話し込んで、挨拶をする機会さえ与えられなかった。

私は、事件の相手になっただけでこんなに冷たくされるのかと、その日は惨めな気持ちで戻ったが、何日かして弁護士会で件《くだん》の先輩とたまたま行き会うと、

「いやぁ、この間は失礼なことをしたな。実は隣に依頼者が座っていたんだよ」

と言われ、自分の考えの至らなさを恥じたのだった。

それから間もなくのこと、長野地方裁判所の飯田支部に事件が係属し、相手方にもやはり東京在住の弁護士が代理人になった。

地方に出向く場合は、法廷の時間に合わせられる列車が限られていて、出向くと必ずといっていいほど、相手方の代理人と同じ列車に乗り合わせることが多くなってしまう。この時もそういうケースとなり、なんと指定席が皮肉にも向かい合わせになり、まさに呉越同舟で、世間話をしながら目的地に向かうことになった。ところが、飯田駅近くになってその先生が、

「あなたは車輌の前の方から降りてくれませんか。私は後ろの方から降りますから」

と言う。不審に思ったが、言われた通りに降りたところ、改札口に双方の本人が端と端に立って、目を合わせないようにして私たちを待っていたのである。

地方の事件を受けるとここまで気を遣わなければならないのかと、つくづく思い知らされた一件であった。

これらのケースから翻って考えてみると、弁護士は誰しも依頼者のために誠心誠意、事件の処理に当たっており、相手方にどのような代理人が就こうと依頼者を裏切るということ

とはあり得ないという風に自負している。仮に、たまたま相手方の代理人が司法研修所の同期生であったり先輩後輩の間柄であったりしても、手加減をしたり自分の依頼者を犠牲にするということはあり得ないというのが弁護士一般の常識であり、現にそのように事件処理に当たっているといって良いのである。

しかし、このような弁護士の認識が依頼者の認識であるかどうかは、大問題である。依頼者から、「相手方の先生は、どういう先生ですか。どこの大学を出ているのでしょうか。先生の先輩に当たるのですか、後輩になるのですか」というような質問を受けることが、多々ある。依頼者はどういう心理でこのような質問をしているのだろうかと考えてみると、『自分の依頼している弁護士は、相手方より経験が豊富であろうか』、あるいは、『もし相手方の代理人より先輩であるならば、少しでも事件を有利に展開できはしないだろうか』などということを考えてのことであろうと思われる。もしそうであるとするならば、依頼者が逆に、例えば『この弁護士は相手方の弁護士の後輩なので、裁判はこちらに不利に展開するのではないか』と考えても、不思議ではないであろう。

そこで、自分の依頼者であっても、不用意に相手方代理人との関係を殊更述べたりすることは、注意すべきことである。

現に、私が大学の後輩と事件で相対し、和解の折衝中のことであるが、その後輩が、

「依頼者に『相手方代理人は信用できる先輩弁護士だ』と説明したところ、不信感を持たれてしまって困りましたよ」

と、後日ぼやかれたことがあった。

また、別の件で、私が自分の依頼者を同行して相手方の弁護士との協議に出向いた折には、その弁護士としては私を立てるつもりだったのであろうが、

「若いのになかなかしっかりした弁護士さんに就いてもらって良かったですね」

と私の依頼者に向かって言った。その一言で依頼者が変な疑念を持ち、痛くもない腹を探られてしまったという苦い経験もある。

最初の二つのケースは、先輩弁護士が、恐らく身をもって経験した弁護士の心構えというものを、若輩である私に教えてくれたものと、今でも心から感謝している。

新しく弁護士となられる方には、このような注意も必要であることを知っておいてほしいのである。しかし翻って考えると、社会全般に、これらに類似することが多いのではなかろうか。

法律相談の心得

自宅のある区の区役所で法律相談に携わって、かれこれ三〇年余り経過している。事務所で処理することになる事件も、その大半はまず法律相談から始まると言って良いであろう。

区役所などでの公的な相談と事務所での相談の大きな違いの一つは、公的な相談は時間に制限があるということである。

ことに、私の担当する区役所での相談は、なるべく多くの人たちの相談に応じられるよう〝一人三〇分〟と決められているから、この間に相談者の相談内容を理解し、その回答を導くのに必要な事実や状況を聴き出し、曲がりなりにも回答まで到達しなければならない。大方の相談内容は、三〇年来、相続・遺言、土地・建物の賃貸借などの問題、夫婦間の離婚や財産等の調整、債権債務など金銭関係のトラブルといった、ごく一般的な民事の案件が多い。内容は、当然のことながら個別に状況が異なるので、結論を出すために必要な前提条件などを聞き落とさないよう、注意が必須である。その上、性別・年齢・職業・経歴等の相違する人たちと三〇分ごとに間断なく面談することになる。しかも、話し出すと止まらない人、無口でどう話してよいか困惑している人、話の内容を理解するのが困難な人、見るからに気の短そうな人など、さまざまである。もちろん、経歴もさまざまだと思われるが、こちらからそれは聞く訳にもいかない。

最初の頃はこちらも戸惑っていたが、次第に要領が分かってくるにつれ、どう対応したらよいかということを、自然に体得できるようになってくる。その要領を体系化してみた訳ではないが、自分はどのように相談者に接してきたのか、いやむしろ「こう接しなければいけない」と自覚していることを含め、改めて記してみることにした。

まず何よりも心掛けていることは、年齢、性別などを問わず、すべての相談者に同じ態度で接することである。言葉遣いなども、普段近所の人たちと会話する時と同じように話すことにして、肩を凝らせないようにしている。こちらが構えたり改まった話し方をすると、相談者も構えてしまったり萎縮したりして、十分に話ができなくなってしまうからである。相談者にしても初対面なのであるから、無意識であれ、こちらがどんな人間なのかと観察しているであろうし、まして弁護士に相談することも初めてだとすれば、少なからず緊張もしているであろうから、こちらは自然体で臨み、話しやすい雰囲気を作り出すことが肝要である。

それでも相談内容を要領よく話せる人の方が少ないくらいであるが、私は、しばらくは口を挟まずに耳を傾けることにしている。なかなか本題に入れない人の場合には、「途中で口を挟むようですが、今日は何を一番お聞きになりたくて見えられたのですか」と質問した上、話を本題に持って行けるように誘導する。

冒頭から相談内容や結論を探ろうとして質問を重ねると、余計に萎縮してしまい、十分に話が聴き出せないおそれもあるし、こちらの先入観に基づく質問だけでは、違った結論を出してしまう可能性もある。限られた時間を使って結論に至るまでの配分をやりくりするのは決して容易ではない。しかし相談者がいろいろ話している中に答えを導くのに不可欠なポイントが含まれている場合もあるし、また、相談者にとっても『話を十分聞いてもらった』という満足感がないと、こちらの回答に対して十分には納得してもらえないのではないかと思われる。

ことに、相談に来た人の意向に沿った結論が得られないような場合にはなおのこと、極力相談者の立場で一緒になってあれこれ検討した上で、やはり相談者の要望を容《い》れるには無理があることを説明して差し上げないと、なかなか納得してもらえない。こちらの回答に納得していないと感じられる場合には、電話などで、相談者の目前で他の弁護士などの意見を聞いてみることもある。特に、税金などが絡む相談の場合には、税理士に問い合わせたりもする。

時として、相談の内容が明らかに法律的には問題とならず、いわば人生相談的なものもある。そうした場合には、時間の許す限りではあるが、極力相談者の話に耳を傾けることにする。その上で、法律ではどうにもならないが、せめて参考までに、自分が相談者の立場であったらどうするだろうかということを述べることにしている。『折角相談所に来たのだから、要望に沿えなくても、来た意味があったと思って帰ってほしい』という願いもある。

法律的な問題であっても、相談者の話に出てくる生の事実には、どのような法律が当てはまるのかと検討する際には、必ずしも答えが一つとは限らないし、どういう観点から検討するかによってどの法律の要件に該当するのか異なる場合もある。だから、こちらの先入観で焦点を絞ってそれに沿った質問に終始することは、絶対に禁物である。

相談者の中には往々、「詐欺に遭ったのですが、損害賠償を請求できないでしょうか」と駆け込んでくる人が少なくない。しかし、詐欺と名指された相手が最初から騙《だま》すつもりだったと判断できるのか、そのための証拠が揃っているのか等々となると、容易なものではない。相談者に勘違いがあり、契約の段階で重要な錯誤に陥っていたというような事情があるのなら、別の請求の仕方を検討する余地もあり得よう。

また、私が相談者に途中で必ず尋ねてみることの一つは、仮に相談者の意向に従って裁判を起こした場合、「相手方はどう弁解するであろうか」ということである。相談者において、相手方の言い分を検討しないでいきなり訴えを提起したら、思わぬ反撃を受けることになろう。

そして、相談者の要望をかなえることが可能かどうか、さらに相談者の要望が一般的に納得できるものであるかどうかなどを考えた上、結論をどう落ち着かせたらよいのかを、相談者と一緒になって考えてみることが妥当なのではなかろうか。

もっともらしいことを書いたが、三〇分の相談時間の中でこのような処理をすることが決して容易でないことは確かである。

読者の中には類似の仕事をしておられる方や、法律以外の問題について相談を受ける方もいらっしゃるかもしれない。私のつたない経験ではあるが、何かの参考にして頂けたら幸いである。

相談料の相談

弁護士に仕事を依頼する前に、『費用は一体幾らぐらい掛かるものだろうか？　かなり高額ではないか？』と考え込み、『相談してみたいが、それとても高いのでは？』と気を揉《も》むお話である。

弁護士になって間もない頃、東京弁護士会の会員控室の掲示板に「弁護士募集」のポスターが貼り出されたことがあった。秋田県大館市に在住していた高齢の弁護士が亡くなられ、市に弁護士が一人も居なくなったため、大館市がその事務所を借り上げて生活費の保証をするから弁護士に来てほしい、というものであった。

今でこそ日本弁護士連合会（日弁連）が音頭を取って、弁護士不在の地域に弁護士事務所を開設し、弁護士の派遣を積極的に推進しているが、当時は、未だ弁護士不在の地域は全国にたくさん存在した。しかし、実際に大館に行ってみて、もともと弁護士が居なかった地域と異なり、弁護士が不在となってしまった地域の不便さは格別なのだと痛感することになった。

イソ弁になって間もない弁護士が秋田県に移住することは無理であっても、一日限りの無料法律相談なら実施可能であろうと考え、私は同じ弁護士会の同期のグループに呼びかけ、秋の旅行を企画し、その途中大館に立ち寄り、「法律相談をやろう」と提案したところ、七、八名が応じてくれた。

この相談会は、五〇名余りの人たちが訪れるという盛況で、すっかり充実感を味わったメンバーは、その後数年にわたり毎年弁護士過疎地域で相談会を実施することになった。

この相談会の都度、弁護士に対する印象などを尋ねるアンケートを実施してみたが、その結果によれば、『弁護士の費用は高い』と考えている人たちが圧倒的に多かった。

それは、都会であっても、一般の人たちの大半は同様の感覚だと思われる。実際、落語みたいな話であるが、私が事務所で法律相談を担当した際、ひとしきり相談が終わって、相談料が幾らかと聞かれ（規定にそって二〇〇〇円ぐらいだったと思うが）、金額を告げると、相談者は安堵《あんど》した顔を見せ、支払いを済ませて一旦《いったん》事務所を後にしたのだが、しばらくして戻ってきて、

「先生。料金を聞いてほっとしたら内容をすっかり忘れてしまったので、もう一度最初から話をして頂けませんか」

と言われたことがある。私も驚いたが本当の話である。

弁護士の費用や報酬については、従来は各弁護士会に、弁護士法に基づく「弁護士の報酬に関する標準を示す規定」があり、曲がりなりにもこの規定によって決められていたのである。ところが、規制緩和の波は弁護士法の改正（平成一五年）にまで及び、弁護士の報酬基準は「公平で自由な競争のもとに置き、良質な法的サービスを低廉な対価で提供できるようにするため」ということで削除されてしまった。従って、それ以後、弁護士の費用や報酬は、依頼者との合意により自由に定められることになった。

しかし、報酬基準が無くなったとはいえ、法外な報酬を請求してよいということではないし、依頼者との間で不当な請求をすれば弁護士会での懲戒の対象にもなりかねないから、弁護士自身も妥当な目安がほしいし、相談をする側の立場になればなおのことである。

そこで日弁連では、典型的な事件のモデルケースを想定して、会員である弁護士に対し、〝仮にこのケースで自分が担当するとしたら、どのくらいの着手金や報酬をもらうか〟というアンケートを実施し、その結果を各弁護士のみならず一般の人たちに公報して、妥当な費用の目安を示したり、また、弁護士が事件の依頼を受けるに当たっては、事件処理についての説明だけではなく費用や報酬も十分説明した上、処理内容や金額を明示した委任契約書を作成するようにと、新たな職務規程を定めた。

弁護士も弁護士会もそれなりに努力はしているが、実際に依頼を予定する弁護士に会って相談してみないと、どのくらいの費用が掛かるのか分からないというのでは、やはり不安が付きまとうのであろう。

区役所などの無料法律相談の窓口で、事件処理の仕方について一通り説明した後で、「ところで、どこの弁護士に依頼したらよいのでしょうか」、「どのくらい費用が掛かるのですか」と聞かれると、正直なところ困惑してしまう。事件の処理を実際に依頼するかどうかもこの点に掛かっているのであるが、「私なら、この事件を例にすると、このくらいで受けていますが、実際に担当する弁護士が幾らでやってくれるか、直接納得されるまで聞いて、依頼するかどうかは貴方自身でご判断ください」と言うほかない。

しかし、大きな企業や団体なら弁護士と対等に、自由な立場で弁護士と契約できるであろうが、区役所の法律相談にみえる人たちが、事件の依頼をしなければならない弁護士と、その費用について、本当に対等に話ができるであろうか。

実際、事件処理が済んでしまった後の報酬を巡る相談に現れる人も少なくない。明らかに不当な請求でない限り、「高くはないですか」といきなり聞かれても、どんな事件処理を行い、どのような経過をたどったのか分からない私としては、判断のしようがないのである。やはり「納得いくまで説明を求めるように」と答えるほかない。

最近でも、

「貸金の返還を求めた訴訟の和解で数百万円の支払いを受けることにはなったのですが、長期の分割でもらうことになっているのに、和解成立と同時に予定額全額の一〇パーセントを報酬として請求を受けました。妥当なのでしょうか」

という相談があった。私が、

「分割金の入金の都度、一〇パーセントずつを受け取ってほしいと頼んだらどうでしょう」

と答えると、

「弁護士の報酬は分割でもよいのでしょうか」

という。弁護士と依頼者のコミュニケーションがいかに欠けているのかの一例でもある。

人ごとではなく、私自身も、依頼者との意思の疎通を欠いた例が少なからずある。

下町の祭りで発生した隣町同士の若者の喧嘩《けんか》を止めに入った「ヤクザを殴って」傷害を負わせて逮捕された若者の弁護を引き受け、被害者のヤクザと示談を済ませ、本人を保釈してもらった上で、裁判では執行猶予の判決を受けることができた一件があった。

事件が落着した後、その父親と報酬のやりとりをした際、当時定められていた日弁連の報酬基準にそって、三〇万円の報酬を頂きたい旨を申し出たところ、父親は、

「六法全書の末尾に記載されていた基準によれば、刑の執行猶予を受けた場合の報酬は二〇万円以上五〇万円の範囲とされているが、この事件では最低の二〇万円でよいのではないでしょうか」

と言う。正直なところ、私は内心、非常に穏やかではなかったが、自分が申し出た額の妥当性を自分だけ納得していてはと思い、説明を始めた。

「(ヤクザは)何時頃自宅に戻るのか」と近所で尋ねても全く答えてもらえないヤクザとやっと連絡を取り、会った上でどのようにして示談を取り付けたか、というくだりを逐一説明し、その時も、数名の若い衆に囲まれての話し合いは、おとなしい私としてはとても怖かったこと、また、保釈手続きの費用は依頼者との協議によるが、裁判の費用と別途に請求できることになっている、と話したところ、父親は、

「示談でそんなに苦労してもらったとは知りませんでした。申し訳ないので、気持ちだけ上乗せさせて頂きます」

と言って、私が返還した保釈金の中から三〇万円に五万円を加えて差し出された。私が、

「納得して頂ければ三〇万円で十分ですから」

と丁重にお断りしたところ、父親は、

「それではせめてものお礼の気持ちに、健康のため毎日行っている自己流の体操を伝授させてください」

と言い、やおら立ち上がって、体操ともヨガともつかない運動を始めたのである。当惑しながらもそれに応えようと悪戦苦闘する私を見て、事務員が涙目になりながら笑いをこらえたが、遂に我慢の限界を超えて事務所の外に遁走《とんそう》したことを、今でも時折思い出す。

遺言書はご免

区役所などの法律相談の中で多いのは、相続や遺言についてである。

戦前は「家」を中心とする家督制度が設けられており、長男だけが遺産を相続する長子相続制度が採られていたのだが、現在は、子供は皆平等に相続するのが原則である。

したがって、親の事業を継いでいる子や親の世話をしている子が、他の子供たちと均等に相続するということになると、逆に事業に必要な財産や自宅を処分しなければならないという結果を招く例もある。そこで、『一緒に事業をしたり同居したりしている子供にこれらの遺産が相続できるように遺言をしておきたい』という親の気持ちが理解できる相談も少なくないのである。

しかし、遺言についての相談には、遺言によって利益を受ける立場の人（相続人）が出向いてくる例が少なくないのである。私は、遺言の一般論としての説明はともかく、遺言の具体的な内容の相談の場合には、遺言をしたい本人から直接話を聞かないうちは内容には立ち入らないように心掛けている。

遺言はもともと法律で決められた相続分の割合を変えようとするものであるから、トラブルを生じさせる可能性を当然のように秘めている。すなわち、遺言することによって、かえってトラブルを発生させることになるとすれば、親としての気持ちに反することになるのではないか、と考えるからである。

安易に遺言を勧める傾向もあるところから、〝遺言書は書いておかなければならないもの〟と信じ込んで訪ねてきた人さえあった。自宅だけが唯一の財産で、親子・兄弟の仲が良いという母親には、「遺言は残さない方がいいのでは？」とアドバイスしたこともある。子供にとっては、どのような立場にあっても親は親である。その親から自分の相続分を少なくする遺言を残されたら、その子はどう思うであろうか。

しかし、親にもしものことがあれば必ずと言っていいほどトラブルの生じるおそれがあるケースでは、トラブルを封じる意味を持つ遺言の相談には応じることになる。遺言を必要とするケースとして、例えば次のような場合が考えられる。

遺言者に法律上の婚姻外の子供が存在し、相続人の間で紛糾することが予想されるなど、家族関係の複雑な場合や、そうでなくても、生前から親子や兄弟間の仲が悪く、財産上の争いなどが絶えない場合、あるいは遺言者の名義の土地上に相続人の一人の建物が存在したり、相続財産の権利関係が錯綜していて、分割の仕方によっては相続人の間に無用の紛争を招くおそれがある場合などが挙げられる。

もっとも、遺言を残したからといって、遺言者が亡くなった際にトラブルを生じないということではない。トラブルの種を少なくしたり、争いの範囲を狭めることにはなっても、所詮、相続人の中に遺言に納得できない人が出てくれば、争いを防ぐことはできないのである。

私は遺言の相談を受けるたびに、『遺言することによって相続人に争いが生じないであろうか』、『生じるとすればどのような争いが想定されるであろうか』と考えを巡らせながら、遺言することの是非について、相談者に再考してもらうよう勧めることにしている。しかも、私自身もとうとう後期高齢者になってしまったので、身につまされることが多いのである。

人生はすべからく「隠れんぼ」

　知人の紹介で、都内のある小学校の先生の離婚調停を担当したことがあった。やがて離婚が成立して数年後、その先生から突然電話があった。彼の、

「谷中の墓地で自殺をしようと来ましたが、死にきれません。ＪＲの陸橋から線路に飛び降りようかと思っています」

と切羽詰まって上ずった声が受話器から飛び込んできた。夏の暑い盛りの夕暮れ刻《どき》であった。驚いた私は、

「死ぬのはいつでもできるでしょうから、取りあえず話を伺った上で、二人で打開策を検討しましょうよ」

と一方的に言い、その場で待ってもらうことにして、墓地の入口までタクシーを走らせた。

　ともかく日暮里駅の近くの喫茶店に落ち着いて話を聞いたところ、同じ教師仲間の女性

教師と恋に落ち、やがて彼女は妊娠したという。そこで二人は近隣の中学校の校長を務めていた女性の父親に結婚の承諾を求めたところ、父親は、

「教師たるもの何事か。自分たちのけじめもつけられないのか！」

と激怒した。そして、たまたま夏休みに入る直前だったこともあり、校長は強引に娘の下宿を引き払わせ、郊外にある自宅に連れ戻し、軟禁状態にし、彼が電話をしても、母親は娘の在宅を認めはしたが、

「娘は話したくないと言っていますので……」

と言い、取り次いでくれない。そして、彼女と連絡がつかなくなって三日が経過したという。彼は、

「父親の剣幕から、お腹の子はもう始末させられてしまったかもしれません。彼女から連絡がこないのでやけになり、死のうと思って墓地に来てみたものの、だんだん彼女の父親に対し腹立たしくなったのです。このままでは死にきれません。もし、私の承諾もなしに彼女のお腹の子を堕胎させるようなことがあれば、訴えてほしいのです」

と言うのだった。

　私は、『女性も学校の先生を務める身、仮に父親の言うことであっても、本人の意思なしにお腹の子を葬るなどということはできない。また、どうしても結婚したいというので

あれば、理由はどうあれ、その父親を訴えるなどというのは穏当でないであろう。女性も子供ではないのだから、軟禁状態に置かれたとしても、四六時中、両親が付いている訳にもいかないであろうし、いずれ抜け出す機会を見出すことも可能であろう』と考えた。そこで、

「彼女を信じているなら、彼女があなたのもとに戻って来るのをじっと待つことが、一番良い方法ではないでしょうか」

と私の考えを述べた。

「しかし、もう三日も様子を見ていたのです。いつまで待ったらよいのでしょうか」

と彼はつぶやくように言った。

「今から、一〇日間、そう一〇日辛抱してみたらどうでしょうか」

何の根拠も自信もなかったが、私はとっさにこう言うほかなかった。

「一〇日待って戻って来なかったら」

と、なおも彼は迫る。

「その時は……、私だったら、彼女が心変わりをしたんだと自分に言い聞かせます」

と私。

「そんな、無責任な……」

「一度は死のうとまで覚悟したのでしょう。一〇日ぐらい辛抱できるのではないですか。子供までできたというのに、そんなに彼女を信じられないのですか。何より子供の父親を亡くしていいのですか」

という私の反撃に、彼は納得はしなかったものの、渋々承知した。

それからの一日一日は、私にとっても気が気でなく、事務所に居ても電話が鳴るたびに『彼からではないか』と、待ちに待った。『連絡が無かったらどうしよう。彼にどう言って納得してもらったよいのだろう』などと、半ば上の空で考えていた。

そしてようやく彼から連絡が入ったのは、一週間目のことであった。受話器の向こうで、彼の声は弾んでいた。

「彼女が戻って来ました。着の身着のまま、家を飛び出して来たんです。お腹の子供も無事です」

彼の話では、彼女は実家に連れ戻されてから、じっと静かにしていて、両親が安心して監視を緩めるまで辛抱し、たまたま両親共留守にしたのを見計らって家を出て、彼の下宿先に駆け込んできたとのことであった。

二人は、秋口に掛かり、彼女のお腹がぽつぽつ目立ち始めた頃、わずかな友人らを招いて近くの区民会館で結婚披露を行い、その場で婚姻届を提出した。私も招待を受け出席したが、残念ながら彼女の両親の姿はなかった。親身になって心配してくれた友人たちの席であり、二人のこれまでの経緯をほとんど知っている者ばかりであったから、「一刻も早く彼女の両親に顔向けできるように頑張《がんば》れ」という激励の祝福の言葉が相次いだ。

彼女の一年余の休職の後、夫婦は、赴任希望者の少なかった東京都下のある島の小学校に揃って赴任することを希望した。

赤ちゃんを抱いて晴海埠頭から船で出発する夫婦を見送った際に、

「どうして転勤を知ったか分からないけれども、そっと見送っていた彼女の両親を見かけたよ」

とは、彼を私に紹介した知人から後に聞いた話である。

私は、小学校に入学間近な頃、弟たちと母に連れられて遊園地に行った際、迷子になったことがあった。

夢中で母を探して泣きながら園内を走り回ったが、なかなかその姿を見つけ出すことはできなかった。見知らぬ人が迷子案内所に連れて行ってくれて、駆けつけた母と再会できたが、これは幼い私にとって二回目の迷子騒ぎでもあった。そんな私に母は、

「迷子になったら、その場にじっとしていなさいよ。私が探すから。両方で探し廻ってい

たら、なかなか見つからなくなってしまうのよ」

と叱った。とにかく好奇心が強く、じっとしていない私の性格を、母は見抜いていたのであろう。そんな幼い頃の体験が、私にとって、大人になってからも、何か迷いごとにぶつかるたびに、『落ち着いて自分なりの回答を見出すことができるまではじっと我慢しよう』と、自分に言い聞かせるようになっていた。

最近、私は男女間や夫婦間のトラブルの相談を受けた際に、子供の頃よく遊んだ鬼ごっこや隠れんぼを例に出すことが多くなった。一心に追い掛ければ、相手は一生懸命逃げる。こちらが追い掛けることをやめて立ち止まれば、逃げている相手も立ち止まる。隠れんぼも、鬼になった者が探すのをやめれば、隠れている方も出てくる。

「夫が浮気をしているらしいのですが、幾ら追求しても白状しません。信用できなくなったから、離婚したいのですが」

などという穏やかでない相談には、

「追えば追うほど、ご主人は隠れてしまいます。離婚してもよいとまでお考えなら、しばらく他人のふりをして、無視してみたらどうでしょう」

といった具合である。

翻って、果たして夫に自白させることがベストな方法であろうか。相手の浮気を追及しながらも、内心はそれが事実でないことを期待しているのも、夫婦間の微妙な心理の綾《あや》ではないのか。夫を無視するふりをして、夫のその後の出方を見守る方がベターではないか。子供の問題もある……等々の、離婚を回避するための解決策を考えてみることが多い。

いずれにせよ、夫婦の問題に性急な回答は非常に危険である。離婚などしなくても治まるはずの夫婦を離婚に追い込むようなことがあったら、それこそ弁護士の重大責任である。それよりも、人間としてどうすべきか、どうあるべきかを前置して考えられなければ、弁護士として資質的にも問題ありと思うのである。

よく、「信用を作るのは永い時が必要だが、信用を壊すのは一瞬で、壊された信用を回復するのはとても大変だ」という。夫婦の関係も、これと類似しているのではあるまいか。

待つことの効用

私が公私共に尊敬している先輩の穴水弁護士は、「一番のセンセイ」と呼ばれていた。
私が弁護士の登録をする一年前に、弁護士会のある会報に、その先輩が次のような一文を残しておられる（穴水広真氏・昭和三九〔一九六四〕年二月東京弁護士会「法友会会報」）。

「弁護士になったとき私は、心ひそかに『法廷には必ず一番に出頭しよう』と決意した。そうすることが先輩の先生方に対する当然のエチケットだと信じたからである」

その結果、あるときから廷吏に『一番のセンセイ』と呼ばれるようになった」と記されている。そして「ありがたい」ことに、毎日せっせと一番をとって「待つことを繰り返しているうちに……一番のお付き合いをしてくださる先生方が、日を追って増えてきた」というのである。

当時の民事事件の法廷は、午前中に幾つもの事件が予定されていても、その指定時間の大方は午前一〇時であり、弁護士が出廷した順番に出頭カードに番号を入れサインをすることになっており、相手方の弁護士と双方が揃い次第、その番号順に事件の審理が進められたから、最後の番号であれば、一二時近くまで待たされる。

「一番のセンセイ」は一〇時の「定刻に開廷してもらえば半日の大半は無罪放免、後は鎖を放たれたプロメテウスよろしく、のびのびと別の仕事で駆け回れる」と結んでいる。

私も新人の弁護士になった際、この先輩にあやかりたいと考え、実行した。

そして「一番のセンセイ」の霊験は真にあらたかだった。

最初のうちは、ただ相手方を待って早く法廷を終わらせることに汲々としていたが、そのうち、待っている間に他の弁護士が行っている訴訟のやりとり（攻撃防御）を目の当たりにしたり、また裁判官の審理の進め方にもいろいろあり、学ぶことが少なくないことに気付いた。それからは傍聴席の一番前に座って、裁判官やさまざまな弁護士の言葉に耳を傾けることにした。

ある交通事故による損害賠償請求事件の法廷でのことである。私は原告の立場で、事故が被告の過失によるものであることを証明するため、被告の刑事記録を取り寄せ、その一冊分をまとめて一つの証拠とし、甲第一号証という証拠番号をふって提出した。

　すると裁判官から、

「一冊分すべてを甲第一号証として提出するのか」

と質問された。私は恥ずかしいことに、その質問の意味が理解できないでいた。裁判官は、いつも傍聴席の正面にいて相手方が見えるまで出番を待つ私を覚えていてくれたのであろうか、あるいは出来の悪い新米弁護士と思ったのであろうか。笑いながら書記官に指示し、私が提出した一冊分の記録の最初から最後までの二〇余通の書類ごとに、実況見分調書は甲第一号証の一という具合にすべて枝番を付けて、口頭弁論調書に記載させてくれた。

　私は、司法研修所で学んだことをすっかり忘れていたのである（いや汗顔の至りだったが、覚えていなかったというのが実情だった）。

　次の法廷に出向いた際に、その書記官に前回の手数を掛けたことを詫《わ》びたところ、書記官も私の顔を覚えていてくれた。私は、これを機会に分からないことは書記官に教えてもらうことにした。

「新米で何も分からないので、教えてください」

と切り出すと、ありがたいことに、この書記官に限らず皆丁寧に教えてくれた。

「一番のセンセイ」の言葉通り、こちらが一番を取って待っていると、いつも遅れがちな相手方も、次第に早く来てくれるようになった。やはり、遅れて来ると気が引けるのであろう。逆に、相手がどんな先輩の弁護士であっても、こちらがいつも先に待っていると、次第に心理的に対等な気持ちになり、引け目を感じなくなる効果もあったようである。待つことの効用恐るべしであるが、弁護士としてだんだん図々しく⁉なってくると、待つことによる相手方に対する心理的効果をいろいろ応用展開することになる。

同じ弁護士でも、金銭を請求する立場と請求を受ける立場では、心理的負担は自ずから異なる。電話で請求を受けても、依頼者である本人が金銭の準備をしてくれていなければ、督促の電話にはなるべく出たくないのが人情である。

居留守を使われることも多々ある。そんな時は、近くに来たことを口実に、相手の事務所を訪ねる。相手が留守で、無駄足を踏むことになってもいい。名刺だけ置いて帰ることで、相手方は心理的負担を感じてくれるようである。不思議にも、電話とは全く違った手応えがあるのだ。

ところが、攻守所を変え、こちらが刑事事件の加害者の立場で被害者宅に示談に赴く場合などは、こちらの心理的負担は相当なものである。私などは気が小さいから⁉、一回目ぐらいは相手方が留守の方がほっとする。そして、訪ねた趣旨を書き、改めて伺わせて頂く旨のメモを郵便受けや玄関などに入れておき、出直すことによって、相手方が会ってくれることが期待できるようになる。

前に、私の知人が集団強盗に瀕死の重傷を負わされた事件があった。知人の話によればその退院直後に、犯人の国選弁護人から「示談のため○月○日○時頃伺わせてほしい」旨の手紙が届いたので、「まだ傷跡が癒えない状態であり会うつもりはない」と返事を出したところ、その後何の連絡もなかった、ということであった。私が、

「もし、弁護士が直接お宅を訪ねたとしたらどうしました？」

と聞いたところ、

「話ぐらいは聞いたでしょうね」

と知人は答えた。

人情の機微は大切だが、真心を相手に見せることはもっと大切なものだと、常に思うのである。

反省して…います

弁護士になったばかりの頃、地元の簡易裁判所で国選弁護事件を時折担当していたが、そのほとんどは窃盗事件で、しかも大半は被告人が犯行を認めているものばかりであった。法廷で先輩弁護士が行っている、被告人に対する質問を傍聴していると、最後に必ずと言っていいほど問い質《ただ》すことは、「反省しているか」の一言であった。当然のことながら、被告人は、「はい。反省しています」と答える。

私も最初はこれに習っていたところ、ある裁判を傍聴した時、立会検察官に反対尋問で「どのように反省しているのか」と畳み掛けられ、被告人が慌てている場面に直面した。

それ以来、私は「反省しているか」という質問は止めることにし、本人の生活態度や環境の変化などを通じ、「反省」の言動を他の形で表すことを試みることにした。

ところで、「反省しているか」と問われて「反省していない」などと答える者はいないから、この質問は弁護士が発しても、傍聴者には『どうせ弁護士が言わせているのであろう』としか映らないかもしれない。しかし、同様の質問を検察官が行った場合の裁判官の心証はどうであろうか。さらに、裁判官自らが試すかのように「反省しているか」と質問し、「反省しています」と応答する被告人の態度を見定める場合は、弁護士が質問する場合と、自ずからその効果が異なるようにも思われる。

そこで私は、「反省しているか」に代表されるような質問は、極力、検察官や裁判官に言ってもらうことを意識するようになった。

その①

「息子が某市の教育委員会に就職できた」と喜んでいた父親が、二年後、私のもとに駆け込んできた。聞けば、その息子は教育委員会で私立学校の補修などに充てるお金を使い込み、逮捕されてしまったという。補修費の支出伝票を水増しして経理担当者から引き出したお金を、賭け麻雀や飲食費に当ててしまったというのである。しかも、その金額は二〇〇万円余にも上っていた。

拘置所で息子本人に面会し、犯した事実が間違いないことを確かめた上で、「ところで、警察の捜査記録によれば、友人や知人と賭け麻雀をしていたとなっているが、と尋ねたところ、本人は、ほとんどが役所の上司や同僚だったという。しかも、最初に麻雀をしたのは、なんと本人のための職場の歓迎会の帰りのことだったと聞き、さらにびっくりした。

裁判当日、一通りの証拠調べが終わった後の被告人質問で、私は、

「もう二度と賭け麻雀などやらないか」

と質問し、彼は、

「はい。もう麻雀をすることはありません」

と答えて尋問を終えた。たまりかねたように反対尋問に立ち上がった検察官は、

「麻雀好きが、そう簡単に止められないのではないか？」

と質問した。彼は、

「もう麻雀できる仲間はいませんから」

と答えた。すかさず、検察官が、

「その仲間とは？」

と尋ねたが、彼の、

「職場の人たちでした」

という回答に、検察官は絶句した。

彼は、懲戒免職の上、公務員だった父親が貯えていた年金から二〇〇〇万円余の金額を弁償したこともあって刑の執行を猶予されたが、裁判官は判決言渡の中で、

「教育委員会ともあろうところで、職場を挙げて賭け麻雀をやっていたとは」

と、吐き捨てるように付言した。傍聴席で事件の結末を窺《うかが》っていた某市の職員たちが思わず首をすくめるのが見えた。

その②

私がイソ弁の頃、ボス弁の顧問先である運送会社の運転手の一人が、一方通行の道路の逆方向から自動車を進入させようとして左折した際、車輌の内側を走行していた自転車をはね、乗っていた老人に重傷を負わせた事件があり、私が弁護を担当した。運転手の弁護依頼と同時に、運送会社の立場からは、事故の原因が〝一方通行の逆走を黙認していた〟という会社ぐるみの違反を露わにしたくない、ということも内包した事件であった。

運転手本人の話では、その一方通行の道路を逆走することは、違反を承知の上で常日頃行っていたという。問題の一方通行の道路は、運転手が勤務する運送会社の、車庫の前面の道路から直角に延びており、会社を出る時には好都合であるが、戻る際には、この一方

通行の道路を一旦《いったん》通り過ぎ、数百メートルも先の道路まで迂回《うかい》しなければならないため、特に時間に追われている場合などは、会社の目の前の道路を使ってしまうというのである。「他の運転手も皆同じで、会社も承知で黙認していました」

という運転手の話を、この事件の示談を担当していた会社の事故係に確かめてみると、どうやら事実のようである。運転手の弁護人としては、違反を承知で一方通行の道路に進入しようとした動機は、彼にとって有利な情状として法廷で質問しない訳にはいかないのであるが、事故係は、会社ぐるみで違反を重ねていたことを公表されるのはまずいので、何とかその質問を止めてほしいというのである。

もともと実質的には会社から依頼された事件ではあるが、さりとて弁護人としては、被告人にとって唯一とも言える有利な点に目を覆う訳にはいかない。どうしたものかと悩んだ末、私は『この質問は、何としても検察官か裁判官が、被告に質問させるようにするほかはない』と考えた。

証拠として提出されていた本人の供述調書では、一方通行道路に進入しようとした動機は「帰社の予定時刻に遅れていて急いでいたため」としか書かれていなかった。従って、弁護人としては当然質問しなければならないところであるが、私が本人の弁解に全く触れようとしなかったら、検察官や裁判官がどう反応してくれるであろうか。いや、質問するに間違いないだろうと自問自答し、本人には「もし質問されたら、誰からの質問であっても、今までの事実をありのまま答えるように」とだけアドバイスしておいた。

そして、私がこの動機の点に全く触れないまま被告人質問を終えるや否や、案の定、検察官が「帰社時間が遅れた時はいつも違反を繰り返していたのか」と問い質した。本人が「そうです」と答えると、「会社は承知していたのか」、「被告人だけではないのか」と質問が立て続き、「会社が承知していたこと」、「他の運転手も同様で、常日頃、違反行為が繰り返されていたこと」が明らかにされた。引っ込みのつかなくなった検察官は、彼の回答に嘘がないのか疑問を持ち、「会社に確認する」と言って質問を終えた。

裁判官は「次回に判決を言い渡す」旨を告げたが、検察官は「調査の結果次第では、証拠調べの再開を申し立てる可能性がある」として、この日の法廷は終了した。

会社の事故係によれば、彼は管轄する警察に呼び出され、検察官から警察の担当が「なぜ違反に気付かなかったのか」説教されたといい、さらに「今後厳重に注意するように」と叱られたとのことであった。

しかし、被告の発言が事実だと分かったためか、検察官は再開の申し立てをしなかった。示談の成立もあり、執行猶予が付けられて釈放された。

私が判決までの法廷の経過をボス弁に説明したところ、

「もし検察官が質問しなかった時は、君はどうするつもりだったのか」

と聞かれた。

「その時は……先生の顧問先が無くなろうと、私は追加質問するつもりでした」

と笑うと、ボス弁もにやりとした。

法廷のプロデューサー

プロ野球のヤクルトを退団した元監督の古田敦也氏は、「いつも自分の肩の後ろに、もう一人の自分がいて状況を見ているんですよね。だからピンチになっても、慌てることはない」と話しておられたという記事を目にしたことがある（朝日新聞平成二〇〔二〇〇八〕年二月一〇日朝刊・西村欣也編集委員ＥＹＥより）。

弁護士の仕事、ことに証人尋問などを行う場面でも全くこの通りだと共感した。

テレビドラマでは、弁護士が名探偵のように証人の嘘を暴き出し、真実はこうだと決め付ける場面がよく見られるが、本物の裁判では、真実は何かを判断するのは、判決を言い渡す裁判官である。

弁護士が法廷で証人尋問を行う最終の目的は、証人をやり込めるためでもなければ言い負かすためでもなく、自分と証人との尋問のやりとりを通じて、裁判官にこちらの言い分が正しいと理解してもらうためである。自分を落ち着かせるためでもあるが、私は、自分がその法廷の場面を演出するプロデューサーになったつもりで、まず頭の中で脚本を書いてみる。そこでは、弁護士は脇役の一人として登場する。検察官や裁判官が、弁護士と証人とのやりとりを聞いてどう反応し、どう反問するだろうかと考え、自分の考えに沿った心証を裁判官に抱いてもらうには、どういう筋書きを作り、どういうセリフを言うのが一番いいのか、を考えて法廷に臨むことになる。弁護士はあくまで脇役であって主役ではないのであるが、主役を生かすも殺すも脇役によるという自負はある。演技で誤魔化そうというのかと誤解されては困るが、裁判員制度の下での法廷場面を想定すればなおのこと、弁護士の役割は、裁判員をどのように納得させるかにあるといえよう。

しかし、裁判官は、自分の心証を読まれないようにという配慮からか、ポーカーフェイスの人が多いから、近頃では、裁判官の前に座っている書記官や、その脇に座っている事務官の反応を窺《うかが》うことにしている。

私が法廷で初めて尋問を行った時のことである。

事件は、私のボス弁の顧問先の社長が、自宅周りの石垣の崩れかかった部分の修復工事を、たまたま隣家の工事に来ていた土建会社に依頼して行ったが、間もなくやってきた台風による大雨で脆《もろ》くも崩れ落ちてしまった。そのため、改めて修復したのだが、その修復に要した費用を、「不良工事が原因である」として土建会社に対し求めたものであった。

これに対し、相手の会社は、「問題の工事は、隣家の工事を担当していた現場監督が勝手に契約して行ったもので、会社としては関知しないものである」と主張して争っていた。

工事の請負契約書には、会社の印鑑が捺印されている。

私の初めての尋問は、原告である社長に対する尋問で始まった。私は、この工事の契約書を示して、開口一番、

「この書面によって、被告会社に石垣の修復工事を頼んだことがありましたね」

と切り出した。すると件《くだん》の社長は、

「いいえ、私は、頼んでいません」

と答えるではないか。『年がいもなく緊張して、勘違いしているのでは』と思った私は、もう一度、

「あなたは、この書類で工事を頼んだことがあるでしょう」

と繰り返した。しかし、

「いいえ、頼んでなんかいません」

と言い張る。

慌てている私を見て、裁判官や書記官は唖然《あぜん》としており、相手方の弁護士だけがにやりと笑みを見せた。

しばらく立往生していた私が、半ば自棄《やけ》気味に、

「それではどうしてこの契約書があるのですか」

と問い質《ただ》すと、彼は、

「隣の工事に来ていた現場監督が、『私のところの工事もやらせてくれ』と繰り返し頼むのでやらせたもので、私から頼んだものではありません」

と言うのである。この後の私は無我夢中だったとみえて、今も何も覚えていない。

この見事（？）な失敗で、私は尋問の怖さをいやというほど思い知らされた。十分準備をしたつもりではあったが、尋問はその内容だけではなく、応答する相手方の人格や性格、話し方のクセなども理解していないと、思うようにならないことを痛感させられたのである。

さて、この事件は、次の法廷では相手方の現場監督の尋問の番であった。相手方弁護士の主尋問の中で、監督が「自分の工事には自信がある」と得々と述べるのを聞いていた私は、『彼は誉《ほ》め殺しに弱いかもしれない』と、とっさに思った。そこで、反対尋問で、

「あなたの会社の社長は、さぞかしあなたを信頼して工事を任せているのでしょうね」

と聞くと、

「その通りです」

と、鼻をうごめかす。

「現場で使用する資材の購入も任されているのですか」、「その発注や受領の書類に会社の印鑑を使うことも任されていたのですか」、「本件工事以前にも、会社の工事契約をあなたが実際に行った例がありますか」、「その場合には、逐一社長に報告していますか」等の矢継ぎ早の質問を、彼はすべて肯定した。そして最後には、契約書に使用された会社印は、彼が監督する工事現場の架設小屋に持ち込まれていたということまで供述し、結局、会社としての契約であったことは否定しようもなくなった。


ある私立学校の校長先生が、いささかノイローゼ気味の奥さんから「夫が部下の女性教員と浮気をしているから」と離婚の調停を申し立てられたので、「全く覚えがない」と否定すると離婚訴訟にまで発展してしまい、私が校長先生の代理人となった事件がある。

奥さんは、その代理人の主尋問で、「夫と女性教員との仲がおかしいのです。理由としては、その教員が夫に対し、手編みの手袋やマフラーを贈ったりしています。男女の仲にならなければ、そのようなことは考えられません」と言う。ほかにもいろいろあげつらうが、どれも思い過ごしとしか言いようがないものばかりである。しかし、こうした事例で浮気を直接証明することは困難であるから、『裁判官に「怪しい」と思い込まれては……』と心配になるが、さりとて奥さんの思い込みを反対尋問で崩すことは難しい。

私はいろいろ思い悩んだ末、校長先生から奥さんが〝異常なくらい嫉妬深い〟と聞いていたことを思い出し、奥さんに、

「この女性教員以外にも、夫と怪しい関係にあると思われた人がいましたか」

と水を向けてみた。すると、驚いたことに複数の女性教員の名を挙げただけではなく、長男を出産して入院していた際、自分の妹ともおかしい関係にあったと言い出した。あまりのひどさに裁判官は、

「もう質問はいいでしょう」

と、私の尋問を打ち切らせた。

集団で万引きを働いた少年たち数名が補導され、家裁で調べを受けた後、そのうちの最年長である一九歳の少年だけが「刑事処分が相当である」とされて簡易裁判所に起訴され、私が国選弁護を引き受けた事件がある。

彼の母親によると、図体だけは同年代の少年に比べて大きいが、幼い頃患った病気のせ

いで知的障害のある子であり、そのため、年下の仲間たちに利用されただけではなく、悪知恵の働く少年たちによって首謀者ということにされ、皆この子が命令したようにされてしまっているという。

私が、法廷で少年に聞こうと予定していた質問に沿って、実際に少年に話を聞いてみると、なるほど、答えが質問と噛み合わないことも少なくない。何度繰り返しても、すぐ忘れてしまう。同席していた母親は、たまりかねて私の質問事項のメモをくれといい、コピーを持ち帰った。

本番の法廷で、私は、予定した質問を始めて飛び上がるほど驚いた。私の質問に対し、彼はまるで学芸会で小学生が丸暗記したセリフを読み上げるように、抑揚をつけて答えるのである。

『母親が、法廷に備え一生懸命教え込んだに違いない』と思った私は、自分が脚本を書いて覚えさせたかのような事態に、真赤になって質問を中断した。しかし今更止める訳にもいかず、開き直ったものの、まるで針のむしろに座っている思いで尋問をやり通した。

私は尋問後の最終弁論で、「傍聴席で見守る母親が、我が子のために、私の質問事項に沿って一生懸命教え込んだ様子であること」、「それでも本人はご覧頂いたような応答で、同年代の子供たちの知能と同等とは全く考えられないこと」、従って、「この少年が他の少年のリーダーとなって事件を起こしたとは到底考えられず、むしろ利用されたと見られること」を汲み取ってほしいと開き直るしかなかったが、心なしか、裁判官が小さくうなずいていてくれたように思えた。

結果は、当方の主張が認められた。母親の嬉し涙に、私は心からほっとしたのである。

「北風と太陽」作戦

　イソップの寓話《ぐうわ》として伝えられているものの一つに、「北風と太陽」がある。要約すると、北風と太陽が勝負した。最初の試合は旅人の帽子を脱がせた方が勝ちであった。まず太陽がぎらぎらと照りつけると、旅人はますます帽子を深くかぶってしまった。そこで北風が強く吹くと、帽子が飛んでしまい、北風の勝ち。次に、旅人の上着を脱がせる競争。北風は前の時と同じにびゅうびゅう吹きまくったが、旅人は寒くてますます上着を固く身にまとってしまった。そこで太陽の番である。ぎらぎら照りつけると、旅人は暑くてたまらず上着を脱いでしまった、というものである。

　この話には、いろいろな教訓が込められている。まず、手段についてである。帽子を脱がせる手段と上着を脱がせる手段は、同じではない。また、人への対応である。北風のように厳しくしても良いとは限らない。相手に対して優しくすることも心を開くことになるという教えである。この教えが、私の法廷での作戦すなわちノウハウの一つに結びついているのである。

駆け出しのイソ弁時代の経験である。

母が亡くなり父親が再婚した後、独り立ちしていた息子が、父親から「預けたお金を返せ」と訴えられた。

聞けば、息子が大手証券会社に勤めるようになったのを機に、父親は、「株で儲《もう》けてくれ」と、自分のへソクリを預けた。息子は数年にわたり株の売買の差益や配当をせっせと父親に渡していたが、不況に陥って、たまたま父親の資金で購入していた株券が紙切れ同然となってしまった。父親は、

「息子が『元本を保証するから、俺に預けろ』と言ったのだから、預けた元本を返せ」

と主張し、息子は、

「『お前に一切任せるから、お前の判断で株式投資をして儲けさせてくれ』とのことだったので、自分の裁量で投資をし、元本もとっくに回収しているくらいになった。株の取引は損もすることもあるので、私の責任ではない」

と言う。

別々に暮らしてきたとはいえ、親子の間では契約書など当然存在しないし、双方の言い分は全く食い違ったままだったので、法廷で双方の尋問が行われた。

父親は、息子が子供の頃は手に負えない状態で、後妻に悪態を吐《つ》いて家を出て行った、などと散々批判した上、自分は息子にヘソクリを騙《だま》し取られたのだと、縷々《るる》述べた。

息子は、義母との折り合いが悪く、義務教育を終えると同時に家を出なければならなかった経緯を淡々と述べたが、父親の悪口は一言も言わなかった。

裁判官が最後に息子に対し、

「父親に冷たくされたり訴えを起こされたりして、恨んでいないか」

と尋ねた。息子はしばらく口ごもった後、

「私にとって、父親は父親ですから……」

と答えた。その姿をじっと見ていた裁判官は、後日、父親の請求を棄却する判決を言い渡した。

証拠だけではやや不利と思われていた息子は、こうして救われたのである。

私は、親子や兄弟姉妹間の争いや、夫婦の離婚調停や訴訟などで、この経験を思い出しては、依頼者に対して、〝極力感情を抑え、事実だけをできるだけ客観的に述べること〟

と併せて、〝相手方の悪口など言っても結果的に何の役にも立たないことは極力言わないこと〟を勧めることにしている。それでも、本人ともなれば、「悪口の言われっぱなしでは腹が立ち、我慢できない」と言うが、「言われたことが事実無根であることは強調するにしても、相手の悪口まで言う必要はないし、第三者である裁判官や調停委員に『どっちもどっち』と思われてしまえば、結果にも影響しかねない」と説明する。

しかし私の心底にはもう一つ、『親子・兄弟や夫婦は一時争うことがあっても元の状態に戻る可能性が大きいから、その余地は残しておいてあげたい』という思いもある。そして私はこの戦法を、密《ひそ》かに「北風と太陽作戦」と呼んでいる。前述の寓話「北風と太陽」から名付けたものである。すなわち、北風と太陽で旅人の上着を脱がせる競争をした際、北風が強い風を吹き付けても旅人はますます上着を重ね合わせたのに対し、太陽がサンサンと照りつけると旅人は暑くて上着を脱いでしまったということである。別に「言わぬが花」作戦とも称している。

私への依頼者であった夫は、妻から浮気を理由に離婚を申し立てられ、調停の席でも妻は全く耳を貸さず、遂に訴訟にまで持ち込まれた。夫は宝石商を営んでおり、〝懐が暖かいと遊興街を飲み歩き、そこで美しい女性に出会うとすぐ好きになり仲良くしてしまう〟

の繰り返しで、この妻は、実に三度目の結婚相手でもあった。

夫は、

「ともかく、私は自分でも病気ではないかと思うくらいに女性が好きなんです」

と言う。

「それでは弁護の余地など無いではないですか」

と私が言うと、

「それでも、女性の中でも、妻は別格なのです」

と、ご都合主義とも取れる訳の分からぬことを、平然と言ってのける。

妻の代理人は、妻本人が書いた、夫の浮気の相手の名前とその女性たちの働いていたクラブなどの名称がびっしり並んだ二頁にも及ぶ書面を、裁判所に提出した。ところが、この書面には、ご丁寧にも、現在の妻と結婚した時期より前に交際していた女性の名前までもが多々挙げられていたのである。

これでは、三人目の妻は二人目の妻の時代には浮気をしていた女性の一人ということが、推測されるどころか明白になってしまうではないか。

私は笑いを堪《こら》えながら、余計なこととは思ったが、法廷で相手方代理人に対し、

「奥さんが結婚する前の期間のところは……削除されてはいかがですか」

と述べた。裁判官も同調した。傍聴席にいた奥さんが、心なしか目礼したように見えた。

次の法廷の際のことだった。例によって多少早く出廷していた私に、相手方である奥さんが近寄ってきて、

「パパは元気ですか」

と尋ねるので、

「一見お元気のようですが、『税務署が調査に入って根こそぎ持って行った』って、萎《しお》れておられますよ」

と答えると、

「パパ可哀相。私、戻ろうかしら」

と言う。私は『慰謝料などとても取れそうもないとでも考えたのであろうか』と思ったものの、

「それは貴女《あなた》の弁護士さんと相談することです」

と話をさえぎっておいた。

翌日、相手方代理人から電話があり、「あなたが相手方の依頼者と直接話をするのはおかしいではないか」と言うので、本人から話しかけてきたことと経過を説明し、

「本人が戻りたいと言っているのなら、留《とど》める理由はないでしょう」

と答えた。すると代理人は、妻の訴訟費用は法律扶助協会（現日本法律相談センター）が立て替えているものなので、訴訟を取り下げる代わりに、その費用は夫に払わせてほしいと言う。

私が夫にその旨を伝えたところ、「妻の分まで私が払うのですか」とふて腐れる。

私は、

「奥さんが元の鞘《さや》に納まることになれば、あなたは費用を払うことは馬鹿馬鹿しいでしょうけれど、犬も食わぬ夫婦喧嘩《げんか》に振り回された双方の弁護士は、時間と労力の無駄遣いになってしまい、もっと空《むな》しい思いをしているのですよ」

と答えた。

結局その通りに、元の鞘に収まった。だが、一件落着後、パパの女性問題は相変わらずか、奥さんのメモが増大したかどうかは、私の関知するところではない。

勝負は法廷の外でつく（一）

裸一貫で事業を起こし、東京・大阪を中心に全国的に事業を展開していたある電器メーカーの社長が、大阪地裁に訴えを提起された。

社長が大阪に出張する時は某ホテルの最上階にある一泊十数万円のスイートルームに宿泊するのを常とし、時にはその滞在が一カ月に及ぶこともあったから、同ホテルに対し恐らく年間数百万円にも及ぶ宿泊代を支払っていたと思われる、上得意の常連客であった。同じホテルの同じスイートルームに宿泊したのは、糖尿病を患っていたため、食事も極力ホテル内で、しかも部屋で料理を指定して済ませたかったからである。飲料水も、すべて社長の指定する銘柄のミネラルウォーターに特定されていた。

本件の発端は、たまたまこのスイートルーム担当の客室係が休日で、他のボーイが社長に呼ばれて出向いたことだった。社長がいつものように「水を持って来てくれ」と指示したところ、ボーイはピッチャーに入れた水を持って行ったのである。

よほど虫の居所でも悪かったのであろうが、なにしろ叩《たた》き上げのワンマン社長のことである。「俺が水と言えば分かっているだろう」と怒鳴ったが、ボーイは怪訝《けげん》そうに、「何の水でしょうか」と聞き返したのである。「もう、いい」と、社長はそう言って、その日のうちにホテルを引き払ってしまった。

数日後、ホテルの支配人が東京本社に戻っていた社長を訪ねて謝罪をしたが、その際、携えてきた請求書を経理に置いていった。それを聞いて、社長はさらに怒りまくり、火に油を注いだ状態になってしまった。請求額が三百万円余りに及んでいたため、ホテルは放置する訳にもいかず、大阪地裁に未払金の支払いを求める訴えを提起したのであった。

私は社長から弁護の依頼を受けるに当たり、

「社長が怒られたことは理解できますが、支払わなくてよいというものではありませんし、他方、一流ホテルが、長い期間多額の料金をきちんと支払ってきた常連客に対して訴えを提起するというのも、その信用にかかわることで、どんなものでしょうか。裁判所も恐らく最初から和解を勧めると思われますので」

と、和解で収めることを承知させて、大阪へ出向いた。

案の定、担当裁判官は初回の法廷で和解を勧め、「次回までに、双方、和解案を検討してくるように」と勧告した。

二回目の期日は、和解のための準備室で、裁判官から交互に、持ち寄った金額案を聞かれた。私は、相手方（原告）の出方や裁判官の考え方も全く読めない状況だったこともあり、難しいとは思いながらも「『五〇万円ぐらいなら支払ってやる』と言っています」と、社長の言葉をそのまま伝えた。すると裁判官は、ホテル側は逆に「五〇万円ぐらいなら値引きしてもいい」と言っているといい、あまりにも離れ過ぎているので、双方持ち帰ってもう一度検討してくるよう示唆し、「双方の意向が変わらなければ、判決への手続きを進めるほかない」との見解を示した。

私は、帰京のため新大阪駅から乗ろうと予定していた新幹線の発車時刻が迫っていたこともあり、一足先に部屋を出て、エレベーターホールへと急いだ。和解準備室に面した廊下を曲がったところにあったエレベーターがちょうど止まり、私が飛び込むと同時にドアが閉まった。

『良かった』と思ったその瞬間だった。姿は見えなかったが、私の後からエレベーターホールに来たと思われるホテルの担当者と弁護士との会話の声だけが耳に飛び込んできた。

「いやになっちゃうな、『一〇〇万円ぐらいもらえれば結構やないか』だなんて！」

エレベーターが閉まると同時だったから、私の乗り込む姿が見えなかったに違いない。

裁判官から出た言葉をそのまま口にしたのであろうが、裁判となり判決を受けることになったら勝ち目のない事件だけに、私は心からほっとした。

次の期日前に、私は社長に対し、

「裁判があまり長期にわたると、交通費もかさみますし、和解もしづらくなります。できれば今度で和解を成立させたいので、取りあえず、相手の請求額の半額に当たる一五〇万円を預からせてください」

と話し、現金を持って大阪に出向いた。

和解準備室で私は裁判官に対し、

「あまり長引くと私の出張費用ばかり掛かり、和解も難しくなりますので、勝手ですが本人からともかく現金で一〇〇万円預かってきました。これで何とか和解を進めてくださいませんか」

とお願いした。

私に替わって相手方が入ってから大分待たされた後、再び呼ばれた私は、裁判官から、

「相手方はこれでは納得できないようです。少しでも上乗せできませんか」

と言われた。

「一二〇万円ぐらいなら持ち合わせがありますから、その額でまとまるものなら、私の責任

でまとめて帰ります」

こうしてその場で和解は成立し、一切解決した。

私は東京に戻り、社長に顛末《てんまつ》を報告の上、預かった残金三〇万円を差し出した。すると社長は、「それは報酬として取っておいてくれ」と押し戻してよこしたのだった。

ホテルマンに限らず、顧客の気性を知ることの大切さを教えられた一件でもあったが、それよりも、諺《ことわざ》の「壁に耳あり」は実に恐ろしい人生への警告であることを、つくづく思い知らされた。エレベーターに限らず、トイレや交通機関等で重要な情報が漏れるのは、スパイ映画だけではないのである。

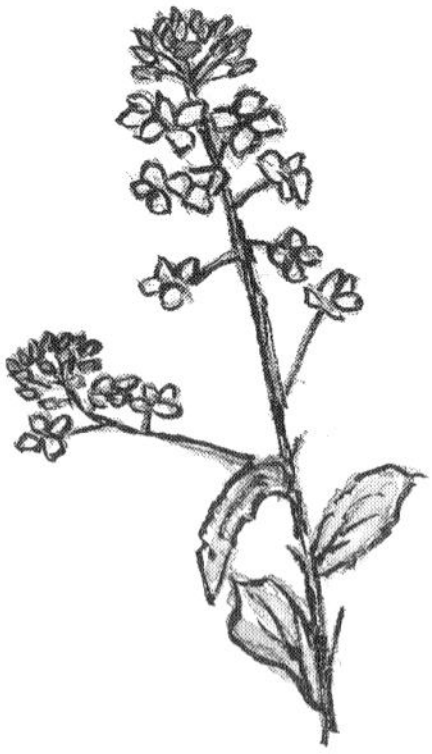

勝負は法廷の外でつく（二）

国選事件を担当していた時のことである。交通違反事件などの実況見分調書には、違った記載や、現場と異なった状況の記載がなされていたことが、時折あった。新宿区の市ヶ谷の「合羽坂下」というバス停の表示が、なんと台東区の浅草近くの「合羽橋」という名称になっていたこともある。

また、実況見分の図面は基本的に平面図であるから、建物や道路などの高低差などは図面だけでは分かり難いし、写真が添付されていても、撮影する位置の具合で現場の状況の印象が異なることも少なくない。「百聞は一見にしかず」で、まず自分の目で現場を見ることが何より大切なのであり、また、実況見分調書などに現れていない重要なことが隠されている場合もある。そして、図面と現実とが異なるところや、図面を見た印象とは異なる点を、写真に残しておくことも、さらに大切なことなのである。

交差点の停止信号を無視したとして交通切符を切られた本人から、「街路樹の枝葉が茂っており、その手前で青信号が見えたので、交差点に進入したところ、先方に立っていた警察官に『信号が変わっていた』と言われ、納得できずに交通切符を拒否したところ、刑事裁判に持ち込まれました」と相談された事件があった。

弁護人として選任された直後、現場に出向いてみると、本人の言うように、交差点が近付くにつれ樹木の葉で信号が極めて見にくい状況だったので、交差点の手前から距離を追いながら、取り合えず写真に収めておいた。法廷で本人が交差点に進入するまでの状況を現状に沿って述べたところ、次の公判期日に、検察官が警察官に撮らせた写真を証拠として提出してきたが、その写真ではなんと、問題となっていた信号手前の街路樹の枝葉がいつの間にか「きれーい」に刈り払われていた。これには噴き出したくなるくらい驚いたが、後に私が撮影した写真と見比べて最もびっくりされたのは、裁判官殿……。

これも国選事件の一つだった。

建築工事現場で働いていた七〇歳代の男性が、同じ現場の監督の後頭部を小振りの斧で殴って大怪我を負わせ、殺人未遂ということで起訴された。

彼は先妻を早くに亡くし、その後、工事現場を渡り歩く生活をしているうちに知り合った身寄りのない女性と内縁関係になり、実質上の夫婦として、いつも一緒に工事現場で働いていた。妻は彼より二回りも若かったが、お互い似たような境遇もあってか、仲がよい夫婦と噂《うわさ》されていたようであった。事件当時も、都内下町の工場建物の建築工事現場に隣接する飯場に二人で泊り込む条件で、彼は工事現場の雑役として、妻は食事の賄いとして雇われていたのであった。

飯場生活が長引くにつれ、妻は年恰好が妻と同じ現場監督と次第に親しくなり、夫が妻に文句を言うと、妻は最初の頃こそ彼の焼きもちと一笑に付していたが、やがて彼の不安が的中し、休日には妻が彼を避けるように一人で外出するようになった。彼は、妻が外で監督に会っているに違いないと感じ、そのうちに仲間が妻と監督の仲を噂するようになったが、彼には、妻にも、まして相手の監督にも、面と向かってなじったりする勇気はなかった。また、若い監督と喧嘩《けんか》したところで、肉体的にもとても勝ち目はないだろう。

検察官の冒頭陳述によれば、彼は一人飯場で悶々と過ごす間に次第に監督に対する憎しみを増大させ、遂には彼が普段現場で使用していた斧で監督を殺害する機会を狙っていたということになる。そして、休日であった事件当日、妻が夕方になって飯場を出て行ったので、『今日こそ監督との密会の現場を押さえてやる』と妻の尾行をしたところ、飯場近くの公園入口で監督と落ち合い、公園の中に入って行くのを目撃。二人を追い掛け、肌身離さず持っていた斧で監督の後方から頭を何回も殴打した、というものであった。警察の取り調べによって作成された彼の供述調書も、すべて検察官の述べた通りに書かれており、私が調書を閲覧して拘置所で彼に面会した際も、「その通りです」とうなずくばかりであった。

しかし、検察官の冒頭陳述の後に法廷で提示された斧は、わずかな刃こぼれが見られたものの、柄の部分などはほとんど真新しいものだったのである。私はその公判が終わるや否や彼と面会し、「普段使用していた斧としてはおかしいのではないですか」と聞いてみた。すると彼は、その斧は事件直前に現場付近で購入したものだという。私はいささか混乱しながら質問を続け、寡黙《かもく》な彼から次のような事実をようやく聞き出した。

彼は、事件当日、普段使用していた斧が古くなり切れなくなったので、夕方新しい斧を買いに出かけた。金物店は公園に入る曲り角に面した商店街のはずれにあり、彼が斧を購入して店を出ようとした際、たまたま、歩道を公園の方に向かって行く妻と監督の姿を目撃し、斧の代金を支払うのももどかしく、夢中で二人を追い掛け、公園の暗闇に入ったばかりの二人に追いつくと同時に監督の後頭部辺りを斧で殴りかかったというのである。

私は『金物店が刃物を売るのに包装しないで売ることはないだろう』と考え、刃の部分が包装されていたかどうか、包装を解いて斧を使ったのか、と畳み掛けるように尋ねたが、彼は、「夢中だったのでよく覚えていませんが、包装されていたとしても、それをほどいて斧を使うなどという余裕はなかったと思います」と言うだけの、あいまいな記憶であった。

この質問をした理由は、包装を解けば刃が露出するので殺人未遂であろうが、包装を解いていなければ、『傷害になる可能性があるのでは』と考えたからである。

翌日、私は、彼が斧を購入したという金物店を訪ねた。店主は事故直後の状況をよく覚えていて、

「まさか、自分の店で売った斧で事件が起こるなんて、考えてもみませんでしたよ」

と話し始めた。私が、

「どうしてあなたは、自分の店で売ったものだと分かったのですか」

と尋ねると、

「私が斧を売って一〇分もしないうちに、パトカーや救急車のサイレンが騒がしいので、公園の入口の方に駆けて行ってみると、現場付近に私の店の包装紙の切れ端が落ちていたのです」

と言う。そこで私が改めて、斧を売った際どのように包装して彼に渡したのかを尋ねたところ、刃の部分にボール紙を当てて包装紙でくるんだ後、ビニールひもできちんと結わえ

て渡したと言い、

「刃物を売る時はいつも、そのようにしていますので」

とのことだった。

　私は店主に対し、「もし裁判所に呼び出されることがあったら、その事実をありのまま証言してほしい」とお願いした。ところが、次の法廷で妻が事件に至るまでの経過と事件の状況などすべてを証言し、斧の使われた状況は金物店の店主の言った通り、包装したままの状態であったことが明らかになり、店主の出廷はなくて済んだ。

　このような事実を元に、裁判官は殺人未遂には該当しないとして、傷害罪と認定し、また、ようやく探し当て、情状証人として出廷した先妻との間の一人息子が、「私が父親を引き取り世話をします」と約束してくれたところから、執行猶予の判決を受けることができた。

　男女間の愛憎を含め、未だに忘れられない事件の一つである。

聴くことの難しさ

一般的に、弁護士としての仕事は、まず法律相談から始まる。しかし、一口に法律相談といっても、特に区役所などでの相談は、人生相談であったり、愚痴話として単に聴いてもらいたいものであったりするものも少なくないし、法律的な相談であっても、到底、本人の要望に応えるには無理なものだったりする。私は、このようなケースでは、与えられた時間内は、極力、自分で口を挟まず、耳を傾けることにしている。

もとより、愚痴話であれば、聴いてあげるだけでも、相手にとって意味のあることであると思うが、人生相談であれば法律家としての回答ではなく、参考までに〝私だったらこう対応するだろう〟ということを述べるようにしている。

法律相談で自戒することは、つい先入観で、相談者の訴えたい問題の中心点をこちらで誘導してしまい、それ以外の輪郭、すなわち中心点を取り巻く肝心な点を聞き逃してしまうことである。

よくあるケースでは、金を貸したり、取引上で代金が焦げ付いていたりすると、相談者の大半は「騙《だま》された」、「詐欺に遭った」と駆け込んでくる。詐欺で訴えるとすれば、こちらが騙されたというだけでは足りず、相手が騙すつもりだったという、相手の意思のあることを裏付けられなければ、詐欺として扱うのは難しい。

しかし、相談者が騙されたという原因がどこにあったのか、何に惑わされて誤信したのかということを詰めていくことによって、契約が「錯誤によって無効」だという余地もあり得る。本人の言い分だけにとらわれていると、それ以外に大事なことが隠されている場合も多々あるので、見逃してはならない。

他方、私の経験で、年配の女性などによくあるのは、いろいろな細かい状況の説明が長くかつ多く、なかなか本筋に入らないケースである。とはいえ、こうした人たちに「何を言いたいのですか」という質問は禁句である。また、緊張して自分の考えを思うように伝えられない人も同様で、質問によって一層緊張させることになりかねない。

私は、このような人たちには、しばらく話を聴いた上で、「今日相談に見えられた一番の目的は何ですか」と尋ねることにしている。三〇分なり六〇分なりという時間内で、相談者の意図を確かめた上、『相談に来てよかった』と、こちらの解答に納得してもらうためには、限られた時間の中であっても、それなりに弁護士を信頼させることが大切だと思う。そのためには、まず、真摯《しんし》な態度で素直に相談者の話に耳を傾ける姿勢が、第一ではないであろうか。その上で極力相談者の立場に立って、しかも、本人の考え付かなかったさまざまな面から、一緒に検討してみることである。そうすることで、当方の言うことに相談者も素直に耳を傾けてくれるし、たとえ本人が期待した回答が出なかったとしても、納得してくれるのだと考える。

逆に、相談者の話を遮り、当方の考えで決め付けることになると、仮に解答が間違いないものであったとしても、決して納得してくれないであろう。それは、「人間は感情の動物」と言われるように、いやな感情を持ってしまうと、正しいことでも何か抵抗が生ずることに通じるものであろうから。

私の母方の叔父は新潟の片田舎で農業を営んでいたが、裁判所にも遠く弁護士も居ない場所で民生委員を務める傍ら、市役所での法律相談も担当していた。

私が弁護士になってから訪ねた際、市の職員に言わせると、「叔父さんは相談員の中で一番評判が良いんですよ」とのことであった。

その理由として考えられることだが、叔父と私との会話の一つに、

「私は法律の専門家ではないので、難しい問題には六法全書は机の上に置いたままで、相談者の話を、ただにこにこしながらずっと聴いてあげているのだ。どうしても答えを出さなければならない時は、私ならこうするのだが、と言うだけだ」

と言ってにこにこ笑っていたのである。

私が弁護士になってやっと気付いたことを、叔父ははるか以前から実践していたのには頭が下がる思いだったのである。

人ごとではない

休日の夜、知人の奥さんから電話があった。奥さんが公務員であった若い頃の同僚で、四国に居住している友人が、「東京の郊外で亡くなった姉から相続した土地が不動産屋に盗られてしまっているらしいので、弁護士を紹介してほしい。面談できるのであれば、明日にも上京したい」と言っているとのことである。私は、「いきなり上京されても、調査をしてみなければ回答できないこともあります。急を要する内容なのかどうか、本人と直接話をしてみましょう」と、相手の電話番号を聞き、早速掛けてみた。ところが、三〇分ほど話しても、さっぱり要領を得ない。

悪戦苦闘、長電話の末やっと、本人の言いたいことの輪郭が分かった。

本人の姉さんが亡くなり、その自宅のあった土地・建物を妹である彼女が相続したのだが、彼女に無断で東京の不動産屋が他に売ってしまっている。その不動産屋が勝手に彼女の名前と印鑑まで使って契約書を作っているが、本人が全く知らないうちに作られたものである。不動産屋の担当者に尋ねたところ、「代金はとっくに精算されています」と言うが、彼女は一円ももらっていない、ということであった。そして、なぜか「市役所に行って真偽を確かめてきたいのですが」と言う。

姉が亡くなり不動産屋の売買が問題となったのは、昭和の年代のことらしいと分かったので、彼女の手元にあるという、問題の契約書を含め、

「この不動産に関して残されている書類をすべて私のところに郵送してください。手掛かりがつかめれば、登記簿謄本を取り寄せ、移転の有無や経過も分かるはずですから、こちらで検討してみた上で、上京して頂くかどうかも相談しましょう」

ということにした。

二、三日後、偽造されたものだという売買契約書の写しの外、問題の土地の登記簿謄本、ご本人が「売買」以前に交付を受けていた印鑑証明書の写しまで送られてきた。残念ながら、契約書に押捺されている印影はコピーの写りが悪く、印鑑証明に使われている印鑑に似ているものの、同一かどうかの判定まではできなかった。そこで私は、ともかく登記簿謄本に記載されている客観的事実だけを前提として、手紙を書いた。

ご相談を受けた件について、お預かりした書類を検討させて頂いた結果は次の通りです。

一、まず、不動産登記簿謄本によって次のことは明らかです。

（一）貴女《あなた》のお姉さんが亡くなられた（昭和五三年一一月二五日）後の昭和五八年三月一五日、貴女に、この不動産について相続登記がなされ、貴女のものになっています。

（二）その後、貴女は、相続税の支払いのため大蔵省（税務署）にこの不動産を担保に差し出したことになっています。

（三）昭和六〇年一二月四日貴女が不動産業者に売ったということで、貴女からその業者に名義が移されています。

（四）その後、昭和六一年六月一〇日に業者から他の人に売買され、この物件は転々と他人の手に渡っています。

二、そこで、貴女の立場になって、不動産を取り戻せるかを検討してみます。

（一）貴女は、契約書は何の相談もなく作られたということですが、登記簿謄本によれば、貴女に一度相続登記がなされているのですから、それを不動産業者に移転するためには、貴女の相続した際の登記済権利証、印鑑証明書とその実印を押した貴女の委任状がなければできません。

したがって、貴女がこのような書類を全く渡していないというのであれば、何者かによってすべて偽造されたのか、ということになります。しかし、登記に使われたこれらの書類は登記後二〇年以上もたっていては、法務局に出向いてもその真偽は確かめようもありません。むしろ登記がされており、二〇年もそのままにされていた以上、正式な書類で登記されたのであろうと考えられてしまうのではないでしょうか。

特に、貴女が税務署宛につけた担保（抵当権）は業者に対するものとは違って偽造されたものとはいえないでしょうから、このような登記が付いていることからは、むしろ貴女から業者への移転にも、貴女からの書類が付けられていたと推測されてしまうおそれがあります。

もちろん、裁判で、この登記がすべて偽造の書類で行われたことが明らかになれば、業者からその後買った人に対しても売買が無効だから土地を返せと言うことも不可能ではないでしょうが、その場合には現在の所有者は時効で取得したと主張するでしょう。したがって、私はこのような裁判はお勧めできません。

（二）また、曲がりなりにも、業者との間で売買の話があり、契約自体はできていたのだということになれば、業者から買った人は、恐らく貴女と業者との間の出来事については知らないで善意で代金を支払ったということでしょうから、やはりそのような第三者から不動産を取り戻すことは、不可能でしょう。

三、そこで、契約があったけれども、代金が支払われていないので、業者に対し今から代金を請求できないか、ということを検討してみますと、契約に基づく支払い時期から二二年余りたってしまっており、とっくに時効が成立しております（金銭を請求する権利は、一〇年たつと時効で消滅します）。

ご納得いかないかもしれませんが、時効は、権利があっても、相手が支払ってくれない場合には、裁判に掛けてでも請求をしない限り法律に定められた期間を過ぎると権利が無くなってしまう制度です。

極端な例ですが、殺人事件を起こした者であっても、法律では二五年たつと殺人罪で処罰することができなくなるのが時効というものです。

（注▼殺人事件の時効は、現在、法改正により無くなった。）

以上、見てきた通り、お気の毒ですが、貴女の不動産の件につきましては、あまりにも時間がたち過ぎており、法律的に問題とすることは断念するほかないというのが私の結論です。

　取り急ぎお答え致しますが、この回答でご不明の点があれば、さらになんなりとお尋ねください。


　手紙を発送してまた一週間ほど経過した頃、本人から電話があり、「このような不動産屋は許せないので、市役所に訴えに行くつもりです」と言う。「市がやったことではないのですから、市に言っても、土地もお金も取り戻せないですよ」と言ったが、彼女は、また同じ話を繰り返すだけである。私は、

「どうしても土地かお金を取り戻したいというのであれば、裁判に訴えるしかありませんが、今から裁判をしても、費用と時間が掛かるだけで終わってしまうと思いますよ。しかし、これは私の考えです。どうしても私の話で納得がいかなければ、そちらの市でも恐らく弁護士が無料法律相談をやっているでしょうから、私の手紙と資料を持って行って、もう一度相談してごらんなさい」

と言って受話器を置いた。

　そして、改めて彼女から送られてきていた印鑑証明書のコピーを見直したところ、その

生年月日から八五歳を越えていることが分かった。

『ますます高齢化する時代にあって、高齢者の人たちの相談に、どう対応したらよいのか……』

と考えながら、自分の年を忘れていることに唖然《あぜん》とした。全く人ごとではないのである。

先入観に気をつけろ

ある日、事務所にご婦人が相談に見えた。

「私は、持参しました訴状に被告とされている者の妹です。兄は平成一五年四月交通事故に遭い、脊髄《せきずい》を損傷して寝たきりの状態で、現在は障害者のための介護施設に入所中です。兄嫁は早くに亡くなり子供もいませんので、私が介護に当たっております。幸い兄は、判断力などには全く異常がないのが救いです。ところで、兄が長期入所中で、兄の自宅は空き家同然となっていましたので、私が時折掃除に行っていました。ある日、郵便受けに書留郵便を預かっているとの郵便局の通知が入っていましたので、取りに行きましたらこのような訴状が届いており、びっくりしまして……」

この訴状によれば、原告である不動産会社は、被告から平成一五年九月に、被告の所有する東京郊外の土地約二百坪（約六六〇平方メートル）を四千万円で買い受け、手付金一千万円を支払ったのに、登記手続きと残金の決済をする約束の日時に被告が現れず契約に違反したので、残金の三千万円と引き換えに土地の名義を移転せよ、というものであった。

「お兄さんや、お兄さんの世話に当たっている貴女《あなた》には、全く身に覚えがないことなのですか」

と私が問うと、

「この土地の売買をしたという当時、兄はすでに入所中で、施設を一歩も出られる状況ではありませんでしたし、入所先に売買の話が持ち込まれたこともありませんでした」

「しかも、訴状に添付されている売買契約書や領収書の兄名義の署名は兄の字ではありませんし、そこに押されている印鑑も、兄が持っているものではありません。もともと、この土地は私たちの父が亡くなった際、兄が相続したものですが、その際の登記済みの権利証は兄の金庫にしまってあり、訴状に添付されたものと比べてみますと、兄が相続した年月日などは一致していましたが、法務局の印影の字が違っているような気が致します」

「また兄の印鑑証明の写しに押されている印影も、兄が市役所に届け出ている実印のものとは明らかに違います」

と言うのである。

私のところにこの妹さんが駆け込んできたのは、一回目の裁判が数日後に迫っている時期で、妹さんの言うことを確かめる余裕もなかったし、役所で発行した権利証や印鑑証明書がおかしいという点については、正直なところ半信半疑であった。しかし、少なくとも本人である兄さんが施設で寝たきりの状態であることは事実であろうから、誰が兄さんの土地を売り飛ばしてしまったのかは、明らかにする必要があるであろうと考えた。

そこで私は、本人自筆の名前を確かめる意味もあり、入所中の介護施設に本人を訪ね、取りあえず私に対する委任状に署名してもらったが、妹さんに支えられベッドの上で半身を起こして書いた名前は、か細くしかも震えた文字で、ようやく判読できる状態であった。その上で、私は施設長に面談し、本人が土地を売却したという日時には本人が入所中であり、外出した事実は全くないという証明書を取りあえず作成してもらい、一回目の法廷では、本人が契約をした事実はないし、原告の提出している売買契約書や手付金の領収書の本人名は本人の署名でないこと、その印鑑も本人の所持するものではないこと、を主張した。

これに対し原告側の弁護士は、「本人の登記済権利証や印鑑証明書の写しももらっている。それ故、本人でなくても身内が代わりに契約したのであろうから、その点を納得いくように説明しろ」と迫るのであった。

しかし、妹さんが言うように原告側が提出している権利証や印鑑証明書がおかしいというのであれば、本人なり身内が持ち出しようもないのであるから、二回目の裁判までの間に、私は、妹さん夫婦を同行して法務局や区役所の担当部署に調査に出向くことにした。

そして、この調査に先立って、私は妹さんに、「本人のご了承を得て、自宅の金庫に保管されているという登記済権利証を持参してください」と依頼した。やがて、「金庫の中には、権利証のほかに、相続の際に使用したと思われる本人の印鑑証明書の予備や、土地の固定資産税の評価証明書も出てきました」と、妹さんが事務所に持参してくれた。その上で、

「どうもよく分からないのですが、相手の出してきている権利証の写しでは、申請年月日が平成六一年となっていますが……」

と言うのである。

『まさか？』という思いで見直した権利証には、確かに平成六一年の文字が一カ所だけ読み取れ、私は絶句した。相続登記は昭和六一年、つまり「平成」の年号は未だ誕生していなかった時代である。この書面は、法務局の印影等を利用するため、全く別の権利証をコピーしたり文字を抹消したり加入したりして被告の権利証のように偽造・変造されたものであろうと、私も、妹さんの指摘で初めて疑問を抱いたのである。

びっくりして読み直すと、この土地の課税価額は七千三百万円余と記載されている。相手方の提出した平成一五年の売買契約書の代金さえ四千万円なのにこの価額はおかしいのでは、と妹さんの持参した昭和六一年当時の評価証明書を見ると、その評価額は一〇五〇万円であった。

私も『妹さんの言う通りだ』とようやく確信して、管轄の法務局に乗り込み、本人の保管していた権利証に使用されている法務局の「登記済〇〇法務局〇〇出張所」の印影と、相手方から出されていた権利証の印影の、どちらが昭和六一年当時に使用されていた印鑑と一致するのかを、担当の方に見てもらった。その際、私も初めて知ったのであるが、法務局では、使用中の印鑑が磨耗すると、新たな印鑑を作成する時には、使用済みの印鑑と印影が少し異なるものを作成し、それまで使用されてきた印鑑の印影は、使用年度を明らかにして保存されているということである。そこでその記録と照合してもらったところ、本人保管のものが当時の印影と一致し、相手方提出のものは比較的新しいものである、との説明を受けることができた。

偽造された権利証であるなどと考えもしなかった私は、思い込みで一読しただけで書類の明白な誤りを見落としたことに慄然《りつぜん》とした。そしてこれに勢いづいて、相手方の提出した印鑑証明書の写しと本人の保管していた印鑑証明書を照合してみて、さらに驚愕した。

印鑑が違うとは、妹さんから当初聞いてはいたが、それのみではなく、なんと、そこに記載されていた本人の生年月日までもが大きく違っていたのである。そこで、発行したとされる市役所に出向き、市長印の確認を求めた。その結果、非常によく似ている印影ではあるが、いずれにせよ本人の生年月日と違う印鑑証明書を発行することはあり得ないということで、「本人と同一住所に同一名で、異なった生年月日の人物は存在しない」という証明書を発行してもらうことができた。

そして、こうした経緯をまとめた書面と役所から発行された証明書を提出して、裁判は妹さん側の全面勝利で終結となった。判決では、「相手方の所持しているこれらの書面は何者かによって偽造ないし変造されたものである可能性が高く、これらの書面で売買がなされたという事実は認められない」とされた。

勝利に終わったものの、この事件を通じ、先入観に基づいて安易に判断したり判読してしまうことの恐ろしさを、つくづく思い知らされた。

以後、私はいろいろな書類や事件に接するたびに、この事件から学んだ教訓を反芻《はんすう》しながら対処するようにしているのである。

放置自動車の行方

私の義弟の紹介で事務所を訪れた初老の地主さんによれば、

「私のアパートの一室を賃貸していた人が一年分の家賃を滞納したまま支払ってくれず、請求に行くと、かえって立退き料を要求される始末でした。そこで、管理を依頼していた不動産屋さんが、立退きと未払い賃料の集金を業務としている会社に依頼して回収しました。すると、この賃借人は意趣返しのためでしょうか、アパートに隣接する私の所有地の駐車場に中古の外車を無断で放置し、車の窓に『この車に用のある方は下記に連絡ください』と張り紙し、本人が経営していると思われる会社名、電話番号を表示したままで、もう六カ月もたちました」

と言う。しかし、張り紙に会社の住所は記載されていないということだった。

本人とすれば、とてもまともな相手と思えないから、従前の仕返しに金銭的な請求をされることが予想され、連絡もできないので何とかしてほしい、という相談である。

地主さんの言う通り、張り紙に書かれた番号に電話をするのは〝飛んで火に入る夏の虫〟といったところであろう。しかし、訴訟を想定すると費用倒れになりかねない。放置自動車で駐車場は駐車料に相当する損害を受けているし、駐車場の使用を妨害されているのだから、その明け渡しを求める訴えを起こすことはもとより可能であるが、訴訟の準備や手続きに要する費用を、果たして相手から回収できるであろうか。問題の自動車を差し押さえて競売をしてみても、その費用さえ賄えないかもしれない。

私は、このような話を自問自答しながら地主さんに話した上、「とにかく、まずは相手方の住所と自動車の持ち主を明らかにしなければ始まらないから」と、私の方で調査することを約束した。そして、賃借人であった相手方の住所の移転先を区役所の住民票で追う一方、自動車のナンバーを基に、陸運局から車輌の登録証明書を取り寄せ、その名義人を探ることにした。

その結果、相手方は、地主さんのアパートからさほど遠くない別のアパートに居住する女性のもとに、〝同居人〟ということで住所を移動していること、また、問題の自動車は、登録ではその女性の名義となっていることが判明したのである。

そこで私は、地主さんの同意を得て、その女性宛に内容証明郵便を発送することにし、

「貴女《あなた》名義の車輌が地主の駐車場に放置されているので、直ちに収去されるよう。今後も放置するようなら損害賠償の請求をせざるを得ない」旨の催告をした。

私は、この内容証明発送の翌日はたまたま出張予定であったところから、念のために事務員に、「手紙が届くと相手方の男性が電話で怒鳴りつけてくる可能性があるので、『弁護士は出張中であり、自分は何も分からないので、伝言があれば伝える』とだけ回答し、話だけを聞いておくように」と頼んでおいた。

案の定、出張中に電話があり、「俺のところへ電話するようにと電話番号も書いておいたのに、なんで俺の女のところにいきなり内容証明などよこしたのだ」と怒りまくっていたとのことである。そして最後には「俺のところに電話をよこせと弁護士に伝えろ」と言って、ようやく電話を切ったということだった。

そこで私は事務員に、「気の毒だけれども、もう一度だけ怒鳴られてほしい」と頼み、私が相手に電話をしないと、一両日中に「なぜ電話をよこさないのか」と、また電話がくるだろうから、その時は「弁護士には確かに申し伝えましたが、その際弁護士は、『あなたがそんなに怒っているのであれば、それなりの言い分があるのだろうから、裁判所に公平に聞いてもらう方がいいな』と申しておりました」とだけ伝えるように指示しておいた。

二日後、予測通り二度目の電話があり、事務員が私の言ったセリフ通りに伝えると、

「勝手にしろ」と言って電話を切ったという。

　私は地主さんに、これらの経過の報告と共に、もう少し相手方の様子を見た上で、埒《らち》が明かなければ訴訟を提起し、早々に車を引き取らせる和解で終了させたい旨を告げていた。

それからさらに三日後、相手方から三回目の電話があり、これも事務員が対応したところ、「今日中に自動車を撤去するから、『これで終わりにしろ』と弁護士に伝えろ」と一方的に言って切ったとのことであった。

　この話を伝えると半信半疑であった地主さんから、その日の夕方、

「いつの間にか、自動車が無くなっていました」

という報告がもたらされた。

　心理作戦がこんなにも早く功を奏したのも珍しいが、私が地主さんから受けた接渉費用の大半は、再三の怒鳴りこみ拝聴役の事務員に、食事代として恭《うやうや》しく献上する羽目になった。

母の保証

「先生、助けてください」

ある休日のこと、私の自宅を訪ねてきた五〇歳代の女性が急に切り出した。お名前を仮にAさんとしよう。この見覚えのある顔は、しばらく前まで近隣の商事会社の事務所にパートで働いておられたことがあり、時折その会社に仕事で私が訪れた際に、お茶を入れて頂いた記憶があった。

Aさんの切羽詰まった表情に何事かと尋ねると、今度は、「申し訳ありません。先生の名前を勝手に出しちゃったのです」と、さっぱり要領を得ない。落ち着かせるためにお茶を一杯飲んでもらってから、ようやく次のような話を聞き出すことができた。

Aさんは、二〇代になって間もない頃、郷里の福島県に在住の男性と結婚し一男を儲けたが、夫の暴力に耐えかね離婚することになった。小学校入学目前だった子供は夫の両親が引き取り育てるということが、夫側から出された離婚の条件だったため、やむなくこの条件をのみ、一人で上京して、さまざまな仕事に従事しながら生計を立ててきた。その間、郷里で引き裂かれた子供が手の付けられない不良になったという話を伝え聞いたが、「私は生活が精一杯でどうにもならなかったんです」と言って涙を流した。

Aさんは離婚して一〇年目、アルバイト先で知り合った男性と再婚した。再婚して三年余りを経たある日、郷里に残してきた息子が、Aさんの実家で聞いたといい、突然、彼女を訪ねてきた。そして「不良仲間に誘われ、高校も中退して父の家を飛び出し、工事現場などを転々としたが、何とか一人前に生活できるようになったので、郷里の市街地にアパートを借りて落ち着き、いずれ世帯を持ちたいと考えている。でも今更、父や父方の祖父母らのもとに戻って協力を求めることができない。アパートを借りるには保証人がいなければ無理だと言われたので、母に保証人になってほしい」ということだった。

母親のAさんとしては内々、心配していた息子が成人し、反省して身を固めたいという気になっていることに安堵《あんど》し、『一人前になってくれるのなら』と、保証人になることを承諾した。しかし、再婚した夫には内緒だった。

それから三年ほど経過したある日、たまたまAさんが自宅にいた際に、アパートの持ち主の代理人と名乗る男から電話があり、息子との身分関係やアパートを借りる際に保証人になっていることの確認を求めた後、「ご子息がアパートの賃料を二年分余り滞納した上、行方不明になってしまっている。ついては自宅に伺うので、一〇〇万円近い金額を耳を揃えて支払ってほしい」ということだった。その声は不気味で半ば脅かすような口調だったため、Aさんは思わず、

「私には知り合いの弁護士さんが居り、この件はその弁護士さんに依頼しますので」

と言ったところ、弁護士の名前を聞かれ、勝手に私の名前を出してしまったという。それが私に対し「ごめんなさい」と繰り返した理由だったのである。そして、相手がAさんよりも先に私のところに電話などしたら面倒になると考え、休日の朝にも拘《かか》わらずあたふたと訪ねてきたのだった。

これでは、依頼を受けるも受けないの選択の余地がない。私は取りあえずAさんに男性から告げられたという携帯電話の番号を聞き、早速電話を入れ、請求を受けた賃料について、私がAさんから接渉することの委任を受けた旨を告げた。するとその男性は、「問題となったアパートの賃貸契約の際の仲介業者から未払い賃料の取り立てを頼まれた者で、弁護士が正式につくのであれば自分は手を引くから、仲介業者に直接連絡を取ってくれ」と言い、後は言葉を濁した。

そこで、私はその男性から仲介業者の住所・氏名だけを聞き取った。その上で、私はA

さんに対し、この件についてどう考えているのかを尋ねた。Aさんは、保証人になったことは事実であるが、息子が家賃を二年分も本当に溜めたのかは疑わしい、息子が居なくなったのを幸いに余分の請求をしてきているのではないか、あるいは息子が他の者とグルになって母親を騙《だま》そうとしているのではないか、などと疑心暗鬼の山である。

しかし私は、曲がりなりにも賃借してから一年ほど賃料を支払っていたのだから、「少なくとも最初から母親を騙す気だった訳ではなかったと思いますよ」とAさんを慰め、「不足分の確認は私が仲介業者との間で行いますが、どうしても支払わなければならない場合にはどうしますか」と尋ねると、「五〇万円ぐらいまでは何とか自分の貯えがありますが、それを越える場合には、パート代の中から分割で支払うほかありません」と言う。

私は、「最終的にはご主人に事情を話して協力してもらえるように」とアドバイスし、早速、仲介業者に手紙を書いて、「保証人の立場では内容が全く分からないので、賃貸契約書の写しと未払い賃料の内訳などを示す資料を送ってほしい」と要請した。折返し送られてきた手紙には、契約書の写しと共に、賃料の入金状況を記載した台帳と併せ、息子本人が居なくなる前に未払い分を確認して三カ月間で支払うことを約束した書面の写しなどが同封されていた。賃料の外、光熱費の未払いを合算すると、七〇万円ほどに上った。これだけ書類が揃っていれば、借主だった息子を探し出してその後に支払っているという証拠でも得られなければ、この額を認めるほかないであろう。

私は再びAさんと相談の上、仲介業者に電話を入れ、「Aさんのパートの収入では月々三万円ぐらいの分割が精一杯であり、完済までには二年余りかかる。『五〇万円に減額してもらえるならば借金してでも支払う』と言っているので、どちらかを選択してほしい」と伝えたところ、業者はアパートの家主と相談して、「一カ月以内に支払ってくれるなら五〇万円でよい」とのことだった。そこで私は、「私の方で文案を作成して送るので、この内容に沿った書面で回答してくれれば約束通り支払う」旨の手紙を発送した。

折返し、仲介業者から送り返された回答書には、

「……未払い賃料（六五万円）並びにガス・電気代の立替金（五万円）合計七〇万円のうち金五〇万円を一カ月以内に賃貸人の指定する銀行口座に振り込んで支払ってもらった場合には残額二〇万円の支払いを免除します」

と書かれていた。

こうして、この案件はAさんが我が家に駆け込んできてから二カ月足らずで、Aさんの愁眉《しゅうび》を開くことができた。無事に解決できたお礼にと、再び休日にAさんが私を訪れてくれた際には、再婚した夫も一緒だった。彼は、

「妻から、『先生が解決してくださった』と言って仲介業者からの回答書を見せられ、こ

れまでの事情は全部聞きました。結果として母親を騙すことになった息子は、もう訪ねてくることもないでしょうから、私がお金を作ってやりました」

と、人の良さそうな笑顔で話してくれた。

Aさんの表情にも安堵の色が漂っていた。止むを得なかったにせよ何もしてやれず郷里に残してきた息子に対し、このような形であれ『役に立ってやれた』という思いが込められていたのか、あるいは、優しい夫に『すべてを打ち明けて良かった』という思いであったのか。私には確かめる必要のないことではあったが、私も十分満足感を味わうことができた。

ただ、「母親はもったいないが騙しよい」という古川柳がある。落語か何かで勘当された若旦那と母親とのやりとりを見た気がするが、はっきり覚えていない。切れそうで切れないのが親子の絆《きずな》というものであろう。以後は夫がしっかりAさんを守って、この夫婦の家庭に二度と迷惑が掛からないようにと願うばかりであった。

大西君の父君

五五歳の若さで、大西誠司君のお父さんが亡くなられた。私が初めてお会いしたのは亡くなられる三年前の暮れのことだった。左肺の切除手術を受けて間もない頃で、奥さんと連れだって訪ねてこられた。大西ご夫妻のご長男と私の長男は、近隣の区立中学の同級生であり、同じ高校に通学した間柄でもあった。

大西君の弟の誠司君が中学二年生になったばかりの工作の授業中、同級生の二人がふざけ合って振り廻していたヤスリが飛び出し、誠司君の左眼に命中した。誠司君は水晶体摘出手術を受け、左眼はほとんど失明に近い状態となった。授業は赴任したばかりの若い教師が担当していたが、校内暴力という言葉が聞かれるようになった頃で、授業中でも騒がしく、生徒はなかなか先生の言うことを聞かぬまま、漫然と授業が行われていたらしい。

大西君のお父さんは、

「校長に事故当時の状況や学校側の責任を問い質《ただ》しても、校長はヤスリを振り廻していた二人の生徒の両親を呼び出し、双方で責任を分担しろと言うだけで、『学校には責任がない』と言い張っています。これではまた生徒が怪我をする危惧《きぐ》があるので、誠司の怪我を無駄にすることのないよう、何とか学校側の責任を追及してほしいのです」

と言うのであった。

大西君のお父さんは敬虔《けいけん》なクリスチャンで、裁判という手段を取ることを悩み、また「生徒たちを責めないでほしい」ということであったが、一方で、「子供たちが成長した時に、父親がこの事件にどう対処し、どのような姿勢を貫いたのかということを納得できるようにしておきたいのです」

という言葉に動かされた。

こうして、区立中学の管理責任者としての区だけを相手方とする訴訟が提起された。

誠司君は、この間、アクシデントにもめげず、高校から大学へと優秀な成績で進学していった。本人尋問の際はすでに大学生になっていたが、物怖じせず、「運転免許を取って自動車も運転していますが、大丈夫です！」と明朗に証言して関係者の胸をなでおろさせると同時に、裁判官の心証を捉《とら》えるのにも十分であった。

しかし、その頃すでに罹患《りかん》していたお父さんには、もはや裁判所に足を運ぶ力さえ残ってはいなかった。

区だけの責任追及は、技術上も容易ではなかったが、関係者の協力で和解が成立した。金額は補償というより慰謝料程度であったが、和解条項にはお父さんの強い要望を取り入れ、異例も省みず、「区は今後再度かかる学校事故が生じないよう最大の努力を払う」旨の文言が明記された。和解調書を持参した際、

「これで誠司の怪我が無駄にならずに済みました」

と、静かな笑顔で話されたのが印象的であった。

亡くなられたのは、それから半年足らずの後であった。明け方、お父さんは「のどが渇いた」と言って奥さんを起こし、子供たちを枕元に呼び寄せると、しっかりした口調で、

「お前たちの父はこれから神の御許《みもと》にいく」

と告げ、息を引き取られたという。そしてその言葉は、なぜか英語だったとのことである。

短い生涯を悔いなく生き死にをも恐れない、そんな姿を子供たちの脳裏に留め、子供たちがその生涯を全うすることができるように、自らの死をもって教えようとされたのであろう。日常使用している言葉であったならば、簡潔には留まらなかったであろう。冷静ではあり得なかったかもしれない。聴《き》く者もまた同様であったと思われる。誠司君たちのこれからの人生の中で、お父さんの言葉はさまざまな形を取って生き続けるに違いない。そ

れはまさに、お父さんが共に生き続けることであるから。

弔問の帰り道、

「大西君のお父さんって、偉かったんだな」

と長男がぽつりとつぶやいたが、私も妻もおし黙ったままだった。その静かで暖かい偉大さは、言葉で表すことを躊躇《ちゅうちょ》させるものがあったからである。

夫婦の絆《きずな》

イソ弁時代、夫婦間の調停や裁判の相談を何回か受けた後、その経験を基に、離婚が止むを得ない夫婦なのかどうかという自分なりの判断基準の一つとして、主に、

① 相談者が、相手の両親など身内の悪口を述べるケース
② 相手方本人の批判を述べたてるケース
③ とにかく離婚したいというだけで相手を無視するようにあまり話をしないケース

に大別して、①は話し合いの条件次第で元に戻ることが多く、②は半々ぐらい、③の場合は元に戻すのはなかなか困難なケースである、と分析していた。

しかし、いずれにしても夫婦の絆は案外脆《もろ》いもので壊すことは簡単だから、まずは復元することに努力してみようと考えていた。そして、夫婦を結んでいる根源は相手を信じるか信じないかである、というのが私の口ぐせであるように思う。

良し悪しは別として、相手が浮気をしていなくても『浮気をしている』と思い込んでいれば、夫婦は離婚の危機をはらんでいるし、たとえ相手が浮気をしたとしても『浮気などする訳がない』と信じている限り、夫婦は円満でいることができると思うのである。

ある地方都市の公共団体に共に勤務していた夫婦が、それも五〇代になって、妻の方から離婚の裁判が起こされた。妻は調停の段階から「夫が勤務先の同僚と浮気をしている」と夫を罵《ののし》って別居しており、夫は夫で「家を出たのは男ができたのであろう」と言って譲らなかった（この件については四三頁中頃―四四頁に一部記してある）。

私は夫側の代理人だった。その夫は私に対し、「別居先のアパートを訪ねたらたまたま留守だったので、家主に立ち会ってもらい部屋に入ったところ、妻のノートに浮気の状況が書かれていた」と言い、しかもその浮気の相手はみんな実在の人物だったという。妻側に質《ただ》すと、妻は学生時代に小説家を志したこともあるという才能豊かな女性で、「別居の気分を紛らわすため、小説を書き始めたのだ」という。それなら実在する人物を題材にするのは紛らわしいが、さらに聞いてみれば、地元では誰でも知っているような有名人が次々と登場する。第三者から見れば、「浮気」の方が考えにくいのである。

他方、妻の言い分によれば、夫の浮気の証拠として、夫の職場の配下の女性から手作りのマフラーや手袋をもらって嬉々として身につけている、などといった話である。しかも、怪しいとされる女性は数名に及んだ挙句《あげく》、妻の姉妹の名まで登場し、これまた信じるに足りないのである。しかし双方共本人尋問ではますますエスカレートして、互いに罵り合う状況だった。

結局、裁判では双方共に不貞の事実は明確には認定されなかったものの、「婚姻を継続し難い重大な理由」があるとされ、離婚が認められてしまったのである。

それから三〇年余を経て、離婚の事情もかなり変化してきている。女性が経済力を持ち自立できるようになった環境の変化などもあろうが、好きで一緒になっていながら、一年もたたないうちに離婚の相談に来る例も少なくない。聞けば、「性格の不一致」であるという。一例だが、妻は汚れた食器を一日中流し台の水に漬けておき、「夜まとめて洗うのが合理的」だと言い、夫は、「食事を済ませたたびに洗え」というのが、性格の不一致だと言うのである。夫婦になったら直ちにここまで性格を一致させなければならないとすれば、結婚生活など皆破綻しかねない。

仕事柄、知人の子女の結婚式に招かれて祝辞を述べさせられることは少なくないし、親戚の子供たちの媒酌人を務めることもある。そんな席で新郎新婦に自分の経験談を語ろうと思っても、祝宴の場でストレートに話す訳にはいかないものがあるのだが、年の功か老婆心か、つい蘊蓄《うんちく》を傾けたくなる。以下は、かつて私たち夫婦が媒酌人を務めた、弟夫婦の娘（姪）の披露宴で述べた祝辞の一部である。

……私自身、妻とは数年もの交際を経て結婚したものですから、何もかも理解して結婚していたと思っておりました。

ところが、いざ一緒になってみると、お互いの育ってきた家庭環境の違いを痛感せざるを得ませんでした。

各々の家庭によって味噌汁やお雑煮の味が違うということは、よく例に引かれることですが、朝はパン食で、自分で味噌汁を作ったことはなかったという妻は、なんと味噌汁の実は毎日変えなければならないと思い込んでいたようで、大根から始まって、豆腐、ワカメ、小松菜、キャベツ、ジャガイモ、里芋、そしてサツマイモとなり、遂にはもう入れる具が見つからない、と告げられ、びっくりしたものでした。

考えてみれば、物心ついて二十数年、各々異なった環境の中で育ち成長してきたのですから、いざ一緒に生活してみると各々の違いが目につくのは、むしろ当たり前なのかもしれません。

妻の作る味噌汁が我が家の味として定着するまで、一〇年以上も必要だったような気がしています。

従いまして、私共夫婦が新婦のご両親の仲人を務めた時には、まだ我が家の味噌汁の味は完成していなかったのであります。

それにも拘《かか》わらず、私はその席上、「夫婦は長い年月を経て、他人同士の部分が解消した時に文字通り一心同体になる」などと生意気なことを述べたものでした。

しかし、その後の年月を経てこの言葉の一部を修正させて頂くとすれば、「夫婦は五〇年近くを経ても、一、二割は他人の部分が残っている、むしろ残っている方がいい」という風に改めたいと思います。

この他人同士の部分というのは、男性と女性の違いであったり、各々の個性の違いであったりするのではないかと思っております。

そして、少し違う部分がある方が、いつまでも適度な緊張感を持つことができ、新鮮さを保つことができるのではないか、その上、お互いの違う部分を尊重し合うことが、夫婦としての思いやりということではないか、と考えるようになったからです……。

このスピーチの内容は、私たち夫婦が金婚式を迎える頃には、また変化することが多少予想されるが、まず奥様のご意向を伺わねばならず、その内容は未だ不明である。

刑務所への二通の手紙

その①

突然お手紙を差し上げ驚かれることと思います。お母さんから、貴方《あなた》が過失傷害事件を起こして入所する以前に、貴方自身が交通事故に遭い、被害を受けた事故のことは解決済みであるとお聞きになったことでしょうが、何より身体を大切にされながら精進し、無事に出所されることを願っております。

ところで、貴方宛に突然ある銀行から、貴方は数百万円からの債務がある旨の通知が届き、お母さんからご相談を受けました。

事務的な書面で恐縮ですが、貴方のお父さんが○月○日亡くなられ、銀行債務が残っているとのことで、相続人の一人である貴方にも書面が届いたものです。お母さんの意向としては、ほかにも債務が残されているかもしれない上、その場合に貴方が負担しきれないでしょうし、また仮に亡くなった父親に財産があったとしても期待しない方がよいのではという考えで、相続の放棄を勧めたいとのことです。

そこで、貴方の意向をお聞かせ頂きたく、また放棄の手続きは相続の事実を知った日から三カ月以内に家庭裁判所に申立をしなければならないとされているところから、もし、相続放棄の手続きを取ってほしいということであれば、同封の委任状に住所、氏名をご記入の上、ご返送ください。

なお、申立をした場合、裁判所に提出する照会の書面（貴方が相続の事実を知った日時や相続を放棄する理由などを記入するアンケート用紙のようなもの）を私か裁判所から改めて郵送されますので、ご記入の上返送してください。

お心を察するに思い余るものがありますが、取り急ぎ用件のみを差し上げる次第です。

その②

前略　突然またこのようなお手紙を差し上げなければならないことに私の心は痛んでおります。

昨年、貴方のお父さんの相続放棄の手続きを取ったばかりですのに、お母さんが去る△月△日午後、入院先の○○病院で亡くなられました。

△月○日に再度、緊急入院されましたが、遂に回復することができなかったものです。

誠に残念とお悔み申し上げるほかなく、貴方の心情を考えますとまたも思い余るものがありますが、私としましてはご連絡と共に以下の経過をご報告し、貴方の意向をお伺いするほかなくこの手紙を書かせて頂きました。

お母さんの生前にお聞き頂いていたと思いますが、貴方から依頼を受けていた交通事故の賠償金を私がお預かりし、お母さんのご要望の金額を毎月のようにお渡ししてきましたが、その中から貴方の自宅のローンや会社の債務の支払いや、入・退院の療養費などの支払いに充てておられたご様子でした。

今回の入院に当たっては、二人のご姉妹がお母さんの世話をしておられましたが、入院費等はお母さんのご意向も確認させて頂き、貴方からの預かり金の中から支払わせて頂きました。

お母さんのご葬儀は△月□日に○○葬儀場でとり行われました。また、昨日、お母さんのご両親も眠っておられるお寺で法要が営まれ、この日は私も立ち会わせて頂きましたが、お母さんのお身内やご友人の方々も出席され、しめやかに行われました。

このようなご報告に併せ記載することに惑いもありますが、取り急ぎ処理しなければならないこともありますので、何卒ご了承ください。

お預かりした金員のお母さんへの清算状況及び、今回支払わせて頂いた入院費等の概要は別表の通りです。

入院中のお母さんをお見舞いした際のお母さんの強いご要望もあり、また残金の状況に照らし、残金の中から、当面、貴方の自宅のローンと管理費の支払いを継続しておくのが適切ではないかと考え、取りあえずこれらの今月分を振り込ませて頂きましたが、貴方にお会いできるまでこのような処理を継続しておくということでよろしいでしょうか。貴方のご意向をお聞かせください。

詳細なご報告や資料、預かり金の清算は後日お目に掛かる際にさせて頂きます。

なお、他に早急に処理しなければならない事態が生じた場合には、またご連絡させて頂きますが、私の方では貴方にとって良かれと考えられる応急措置を採らせてもらうこともあると思いますので、それでよろしいかということも併せお尋ね致します。同封の封筒でご返信くださるようお待ち致します。

寒さ厳しい中、健康にくれぐれも留意され、ご自愛くださるよう祈念しております。

草々

刑務所への入所は、罪の償いや更生の意味もある。しかし彼の場合は、自分の父母の病気見舞いもできず、臨終や葬儀等にも立ち会えなかったという稀有《けう》の事件であった。犯した罪が、自分にも過酷な運命を課した悲しい例であり、今も思い出すと胸が痛むのである。

無罪の理由

「『パシフィックホテル茅ヶ崎』の名が伝説化している」と、夕刊フジが報じていたことがある。平成一二年当時、サザンオールスターズが歌い、当時発売された『HOTEL PACIFIC』のモデルとなったパシフィックホテル茅ヶ崎が、すでに取り壊され存在もしないのに、再び脚光を浴びたのであった。

同ホテルの所有者であった株式会社ホテル・パシフィック・パーク・ジャパン（パ社）が更正会社となったのは、昭和四五年九月のことであった。同会社の代表取締役社長は、明治の元勲である岩倉具視のひ孫に当たる岩倉具憲氏（故人）であり、その取締役には映画俳優の上原謙さん（故人）、加山雄三さん親子が名を連ねていた。加山さんの母君・小桜葉子さん（故人）と岩倉氏が姉弟の関係だったからでもある。

私が所属したボス弁のもとに同社関係者が駆け込んできたのは、同社が発行している約束手形の期日（満期）が迫っているのに資金繰りもつかず、また、今まで期日ごとに利息を支払って約束手形の書き替えに応じてきた金融業者が、なぜか今回は書き替えに応じてくれない。その上、同社が所有経営する不動産などはすべて業者らの担保に取られており、約束手形が「資金不足」ということで不渡りになってしまうと、債務の不履行ということで、ホテルも契約に基づいて業者の手に落ちてしまうことになるというのである。

そこでボス弁は、会社更生法の申立をした上で、裁判所によって「手形の決済をしてはならない」という保全命令を受けて債務の不履行を免れると同時に、ホテルなどの財産を保全しようと考え、私たちイソ弁が、この申立書の作成をすることになった。

私は、倒産状態に至った原因を探るように言われ、まずホテルに飛んだ。

茅ヶ崎の美しい海岸に面して白亜の瀟洒《しょうしゃ》なホテルはほぼ円形で、どの客室からも海が臨めるということが売りで、しかも、客室棟の廊下は螺旋状で、階段のない構造になっていた。私は初めて見るホテルの豪華さに圧倒され、ホテルのパンフレットを手に何から手をつけようか、しばらく考えた末、会計担当者に対し、

「廊下の所々に置かれた某飲料メーカーの自動販売機の、仕入れと売上げの数字を挙げてください」

とお願いし、その間にホテルのパンフレット等に記載された宿泊料金ですべて満室になっ

た場合の金額を試算した上で、決算書の人件費などの諸経費の割合がどのくらいかを算出してみた。

ところが、三六五日満室になった場合の入金額を算出して経費と対比すると、経費の方が上回ることになるので、私の計算違いかと思っているところに会計担当者が戻り、飲料会社からの仕入れ金額の方が売上金額を上回っていて「おかしい」と、しきりに首をかしげるのであった。

そこで、同社が金融業者から資金の借り入れをするようになった経緯を改めて聞くと、ホテルの建設に際し、二階まで基礎工事ができた段階で、社長のイメージに合わないということで一旦《いったん》取り壊し、造り直したことなどにより、その部分の建築費が取り壊し費用も含め倍以上掛かったことや、廊下や客室内の絨毯は円形となるため、通常の四角の面積分より増えるなど予想外の出費を要した、などとの説明を受けた。そして、不足した資金の大半は、やがて高利金融に頼るようになったというのである。

私が、高利の支払いもさることながら宿泊収入と対比して、一般の経費が不足した時はどうしていたのかと尋ねると、加山さんとそのバンドのグループにホテルのプールサイドで歌ってもらい、大勢のお客さんを呼んだとのことである。

「若大将　加山雄三」ならではの時代でもあった。しかし会社の経営は、岩倉氏によるワンマン経営とはいえ、あまりにも杜撰《ずさん》といわざるを得なかった。

パ社の更正申立はボス弁の思惑通りに進み、会社更生法の適用を受けることとなり、一息ついた矢先に、岩倉氏が業務上横領の容疑で訴えられた。パ社に対し、同社振り出しの約束手形で融資を行い、ホテルの経営権や本社ビルなどを担保に取っていた金融業者が、「ホテルと同様にパ社が経営していた岩原スキー場のスキーリフトを、譲渡を受ける形で担保（譲渡担保）にとっていたにも拘《かか》わらず、そのリフトが他に売られてしまった。これは二重譲渡であり、横領に該《あ》たる」として告訴したのである。

金融業者からすれば、パ社のすべてが手に入る直前に邪魔をされ、融資した金員も棚上げされてしまったのであるから、意趣返しも無理からぬところであろう。岩原スキー場のリフトは、土地や建物などの不動産と違って担保の登記などできないから、金融業者は公正証書によって譲渡担保という形式で担保にとっていた。

しかし、社長たる岩倉氏はこの公正証書の存在を全く知らなかったのである。

私たち弁護士も、全く寝耳に水であった。それのみか、告訴を受けていたことさえ知らされず、岩倉氏が岩原スキー場について検察庁で最後の取り調べを受けた帰り際に、事務所に寄って取り調べでの経緯を話した上、「検察官がいい人で、『裁判所に行っても一回で済むでしょう』と言われた」というのである。私は唖然《あぜん》として、即座に本人の手を引っ張るようにしてその検事のもとに走り、「起訴する事案ではない、もう一度話を聞いてほしい」と直談判したが、検事は「すでに上司の決済を受けている」として応じてくれなかった。

翌朝の新聞各紙には、「元勲のひ孫起訴される」の記事が大きく扱われていた。いわば有名税なのかもしれないが、本人にとっての信用失墜は倒産の比ではない。

こうして、民事の会社更正事件と平行して刑事事件における岩倉氏と私のお付き合いは、五年に及んだ裁判の決着がつくまで続くのである。

件の公正証書が作られたのは、岩倉氏が金融業者に振り出していた約束手形について利息を支払って書き替えてもらう都度、代表者（社長）としての印鑑証明書と共に提出を求められていた白紙の委任状を使用して作成されたものであった。しかも、公正証書は他にも何通も存在したが、それらはすべて、金融業者の社員二人が公証人役場に出向き、一人が業者の代理人となり、もう一人がパ社の代理人ということで作成されたものであった。

私は岩倉氏や相棒の弁護人と共に名古屋市郊外の公証人役場に出向き、これらの公正証書を入手し、公正証書の代理人となっていた金融業者の社員である証人の反対尋問のため利用した。

立会検察官の主尋問は、「白紙委任状をもらっているのだから、その内容を代理人として書き入れることに何の問題はない」という見解で証言を求めるものであった。

これに対し、私たち弁護人は、「これら一連の公正証書に記載された借入金額が、実際に借り入れをしたどの借入金に該当するのか」、「公正証書の相互の関係はどうなっているのか」、「返済期間の違いや利息の違いはどこから出てくるのか」、あるいは「各々の借入金と担保物件の関係はどうなっているのか」などの質問をしたが、証人はこれらの質問に答えることもなく、「すべて岩倉氏から任されていたものです」と答えるだけであった。

刑事事件は会社更正事件と平行しており、また民事の貸し借りや担保の取得状況が背景にあることもあって時間を要し、その間、裁判官や検察官の交替もあったため、公正証書作成の代理人となっていた社員は再度証人として尋問を受けたが、結局同じ結果に終始した。

こうした経緯を経てようやく審理を終え、最終弁論で、私は、岩倉氏が本件公正証書の存在を全く関知しなかったことを述べ、もとより犯意もなかったことに触れた上、「本件の公正証書は、債権者である金融業者の社員が債務者の代理人として作成したものであるから、契約の当事者の一方が相手方の代理人を兼ねることを禁ずる民法の規定に反し無効であり、したがって、リフトの譲渡(譲渡担保)も無効であって、二重譲渡に該当しないから無罪である」旨を陳述し、参考までにと同趣旨の判例を提示した。裁判官は、私の弁論を無視するかのように審理を終結し、判決言渡日を告げた。ところが数日を経て、裁判所書記官より、「検察官から審理再開の申し出があり再開する」との連絡があり、その法廷では公正証書作成に関与した代理人をもう一度証人尋問するということが決定されたのである。

同一証人に対する三度目の尋問で、検察官は、証人に問題の公正証書を示し、白紙委任状に書き込まれた公正証書の内容である借入金額、返済期限、利息の利率、担保物権の記載など、すべてにわたり「岩倉氏に確認して委任状を作成した」という証言を引き出した。

私は、反対尋問で、証人が過去二回にわたり、同じ法廷で本日の証言と異なる証言をしたことを、従前の証言調書を読み上げながら「前二回の証言と今日の証言のどちらが嘘なのですか」と問い質《ただ》すと、彼は震えながら小声で「前の証言が正しいです」と答え、かえって、岩倉氏に内容を確認せずに自分たちで公正証書を作成したことが裏付けられてしまったのである。

こうしてようやく、無罪の判決を受けることができた。私にとって無罪の勲章であったが、岩倉氏の無罪を告げる新聞記事はわずか数行であり、毀損された信用の回復にはとても及びもつかないものであった。それでも岩倉氏は、「五年も掛かって無罪を勝ち取ってもらったのだから、五年掛かりで報酬を払わせてもらう」と、毎年判決のあった日に「今日は私の命日だ」と称し、すでにボス弁から独立していた私の事務所に報酬を届けてくれた。五年の分割としたのは当人の懐の事情もあったのかもしれない。

ところで、冒頭で触れたように、株式会社ホテル・パシフィック・パーク・ジャパン（パ社）の役員の一人が、加山雄三さんであった。

加山さんは、岩倉氏に一切を任せていた、というより岩倉氏に依頼されて役員に就任されていたというのが事実だったのであろうが、少なくともパ社が更生会社として配当不可能だった債務については加山さんがすべて完済されたはずである。それだけでも責任感や前向きな姿など、同氏の人柄を十分に物語っていると思うが、私が岩倉氏の事件を通じて同氏と接点を持つことができた二、三のエピソードを通じ、同氏の人柄の一端をお話しすることとする。

既述のように、岩倉氏がパ社の債権者宛に振り出していた約束手形には加山さんの裏書もされていた。約束手形の支払いはパ社の更生の申立と併せて行われた保全処分によって停止されたが、手形の裏書人としての債務は支払いを免れないから、債権者は加山さんらの個人責任を追及することになる。

ある債権者が一早く、ホテル内にあると思われる加山さんの動産類の仮差押を求め、執行官を伴いホテルに乗り込んだ。しかし、ホテル内の加山さんが滞在する際の部屋には、一台のベッドとギターのほかには何もなかったという。文字通りトップスターの一人として君臨していたにも拘わらず、私物は「全くと言っていいほど持たれなかった」と岩倉氏から仄聞《そくぶん》してはいたが、『これほどまでとは!』と私もびっくりした。

それにしても、仮にも「加山雄三のベッドとギター」である。競売にでもされればマスコミの格好の餌食となるおそれがあるし、また債権者によってとんでもない高値で売却されかねない。そこで、仮差押をされた際、執行官が見積もった競売予定価額の全額を保証金として供託して、裁判所に仮差押を開放してもらう手続きを取ることになり、私が担当することとなった。

私も担当裁判官も、執行官の調書に記載されたベッドとギターの価額を数万円と読み取り、その金額を裁判所に積んで仮差押を解いてもらったのであるが、事務所に戻りボス弁に資料を提示して報告すると、ボス弁は「差押調書の数字は読みにくいが、一けた少なくはないか」と言う。慌てて見直すと、確かに数千円と読めるのであった。私も裁判官も、『まさか「加山雄三のベッドとギター」が、幾ら競売予定価額とはいえ、数千円ではあり得ない』という先入観で見誤ってしまったとしかいいようがなかった。

「いずれにせよ、債権者にはどっちみち払わなければならないお金だから、その分内入れしたと思えばいいよ」

とボス弁に笑われ、ほっとした思いだった。

加山さんはファンにとって「海の男」であり、現にボートやヨットを愛用していることは有名であった。パ社の更生申立と前後して、その愛用ボート（光進丸）の機関部分の換装工事を横須賀の某造船会社に依頼したことがあったが、工事が不完全で役に立たなかったところから、前払いをしていた工事代金の返還を求める訴訟を起こし、私が担当した。

裁判が大詰めになり、加山さんに証人として出廷してもらうことになり、マネージャーと連絡を取っていたものの、なにしろ多忙な方で事前の打ち合わせなど到底できないという。

そこで止むを得ず、午後から尋問という当日、裁判所近くの食堂で昼食をご一緒しながら打ち合わせをすることにした。限られた時間であるから想定問答など予習している余裕もなく、私は尋問を行う趣旨を説明した上、質問事項を読み上げるのが精一杯だった。ご本人は「分かりました」との一言で食事を続行した。

私の方は正直なところ不安なまま臨んだ法廷であったが、いざ質問を始めると、加山さんの答弁は淀みなく、急所をきちんと把握しており、質問を繰り返したり補充したりする必要も全くなく、単に俳優として場慣れしているからとかセリフに淀みがないとかの問題ではなく、まさに一を聞いて十を知る回転の速さには、脱帽するほかなかった。

後日、マネージャーから「ゆっくり食事もできなかったから、一席設け慰労してあげてほしい」と言われたと、加山さんの奥さんのお母さんが経営しておられた四谷の割烹に招待して頂いたが、その折マネージャーに「加山さんの頭の回転の速さに驚きましたよ」と私が話すと、マネージャーは、

「テレビのクイズ番組などに出演してもすらすら回答し、それがまた正解なので、『事前に答えを聞いているのでは』と勘ぐられるくらい頭の切れる人なんです」

と、自分のことのように嬉しそうに言うのだった。

パ社の会社更正の件が一段落した頃のことであるが、ボス弁のお伴をして上越新幹線で新潟に向かっていた折に、たまたま加山さんが岩原のスキー場にでも出向かれるところだったのであろうか、同じ列車に乗り合わせられたことがあった。

加山さんはボス弁を見つけるとわざわざ席まで訪ねてこられ、丁寧に事件当時のお礼を述べられた。そして、越後湯沢駅に降り立った時には、寒い中を、ボス弁の座る窓の外に立ち、深々と頭を下げて見送ってくださった。

あれから三十数年、今なお現役で、しかも第一線でますます活躍されている加山さんを見るにつけ、あの日にその原点を見た思いで一杯である。

裁判官の判官贔屓《ほうがんびいき》

判官贔屓。古い言葉となってしまったが、広辞苑によると、薄幸な判官・源義経の故事から、弱い者に対し同情とか贔屓するといった意味合いのものなので、悪い言葉ではない。しかし、民事裁判における「本人」訴訟では、裁判官の判官贔屓には気を遣わなければならないというのが、裁判官各位には誠に申し訳ないが弁護士の立場からの私の実感なのである。誤解を避けるため一つの例を挙げるならば、当方の相手方にプラスアルファを与えるような発言があることである。

我が国の民事裁判においては、弁護士を代理人として依頼するかどうかは本人次第であり、本人自身が裁判を起こしたり進行させたりすることは自由であるから、時として事件の相手方に「本人」が登場してくることがある（通常、私たちは本人訴訟と呼んでいる）。私の経験ではあるが、本人訴訟の場合には往々にして裁判官の判官贔屓が見られるので、気をつけるようにしている。
「本人」は基本的には法律の素養が少ないと考えられ、専門家たる弁護士に比べ力不足はむしろ当然であるから、裁判官が「本人」の立場に配慮し、言葉が不足するところを釈明して補充するように促すことは、訴訟をスムーズに進行させるためには、相手方（こちら）の立場としても結構なことである。

ところが時として「本人」の代理人になったのではないかと思われるような、「本人」の主張もしていない新しい主張を暗示する釈明や「本人」への尋問を行ったりして、「当方のサイド」から見れば『行き過ぎではないか』という場合も少なくない。逆にこちらに対して、裁判の対象となっていない事実関係や証拠の提出を、先廻りして求められた例もある。例えば、相手方が当方の依頼者の故意の行為による損害の賠償を求めているのに、過失の有無を判断するための資料の提示を示唆するなどである。また、相手方の立場から見て、こちらが何か証拠を隠していることを前提とするような要請をされた例すらある。

こうした場合には、裁判官も当方の顔色を窺《うかが》っている風も見られるのだが、依頼者の代理人である弁護士の立場としては、このような釈明に反論したり抵抗したりすることは、裁判官に対し、『自分の依頼者にとって不利な心証を与えてしまうのではないか』という思いで、じっと我慢するのである。

そこで私は、かえって泰然としてこのような釈明に応じることによって、「当方としては何もやましい点はない」ことを示すように心掛けている。極力裁判官の指示に従い誠意をもって対応することが、結果的には依頼者にとって得策であると思うからである。

しかし、「本人」の中には、弁護士に対する偏見に基づくのか、言葉や手段を選ばず相手方やその弁護士を攻撃すれば裁判に勝てるとでも考えているような人もいる。

一例をお話ししよう。

バブルがはじけ、賃貸ビルの高かった家賃も軒並み低くなる傾向の中で、私が借主の依頼を受けて家賃の減額を求めた事件があった。相手方すなわち家主は、「本人」で訴訟を進めた。

一審の地方裁判所では、専門家の鑑定を基に一定額の減額を認めたのであるが、家主は納得せず控訴した。

高等裁判所において、家主は、「法律の専門家である弁護士と地方裁判所の裁判官が一体となって善良な市民の権利を侵害した判決」であると主張し、私が悪徳弁護士であるかのごとく糾弾する書面を提出した。しかし私は、訴訟の相手方が素人であるし、賃料が幾らが相当かという裁判の内容からも、取り合う問題ではないと、一切弁解もせず、一回目の裁判に臨んだ。高裁の裁判長は法廷での冒頭、本人である相手方に対し「どう解決したいのか」と質問し、家主本人は当方の依頼者が、「建物を明け渡して出て行ってほしい」のだと訴えた。すると裁判長は私に対しいきなり、「明け渡しを前提とする和解ができないか」と言うのである。

私は正直のところ唖然《あぜん》とし、内心『引っ越しができないので賃料の減額を求める裁判を起こしているのに、明け渡しを前提として話し合うなどということができる訳がないではないか』と思いながらも、裁判官の真意を探りたいという考えもあり、

「依頼者が空けるつもりがないから賃料の減額を求めている訳ですが」

と言った。その途端、裁判長は、

「声が小さくて高齢の私にはよく聞こえない。もっと大きな声で発言するように」

と言うのである。たまたま、私にはこの裁判長が私より年齢が下であることは分かっていたのであるが、そんなことを議論しても始まらない。問題は、裁判長があたかも『一審の裁判がおかしいとしても、自分はそんなことはない』とでも言いたげに、加えていかにも「自分は正義の味方であり、本人訴訟であっても十分その意見に耳を傾けるのである』とでも言っているとしか読み取れない態度であった。そして裁判官の判官贔屓の最たるものを見た思いがしたのである。

後日この話をしたところ、先輩弁護士から、

「自分だけが正しいと思っている裁判官には往々にして世間知らずのように見受けられる人がいるから、『こんなことは言わなくても当然分かっているだろう』という考えは非常に危険だよ。たとえ相手方が本人であろうと、言われたことに対してはきちんと対応しなければならない。自ずから品位を落とすことのない表現は必要だろうが……」

と言われた。

ちなみに、この事件の私の依頼者は、家主の対応に辟易《へきえき》し、移転することができれば移転したいものの、すぐにはできない営業上の理由もあったところから、数年後に明け渡すことを条件に、一審判決を基準とする賃料で和解が成立した。

しかし、その後も世間の賃料が下がり気味であったところからか、明け渡しの期限を過ぎたにも拘《かか》わらず、あきれたことに家主は明け渡しを求めることもなく、和解した賃料のまま建物の使用関係は現在でも継続されていると聞いた。

家主のみならず裁判長からもぼろ糞同然に言われた弁護士のプライドはさておいて、自分が我慢したことで依頼者の実質上の目的を達して収まっているのだから、自分が悪者にされても意味があったのではないかと、過去のことを時折思い出しては腹の虫を抑えて、自らを慰めているときもあるのである。

裁判所を間違えて

ボス弁の事務所から独立し、自分の事務所を開いて間もない頃受任した事件である。依頼者は産科を営む女性のお医者さんだった。

「私が取り引きしたこともない信用組合から突然、『一〇〇〇万円を支払え』という督促状が来たのです」と言って見せられたのは、内容証明郵便であった。その内容は、四年ほど前、彼女の夫の知人が借主となり、ある信用組合から一〇〇〇万円を借り受け、彼女と夫の二人が連帯保証人になっていたにも拘《かか》わらず、借主が返済しないので、保証人である彼女に「支払え」というものであった。

そこで事情を伺うと、二〇年ほど前、結婚した当時の夫は飲食店や金融業などを営む事業家であったが、ある民間団体の役員として活動する一方、事業は他人任せにしていたため経営が振るわず無資力となってしまい、妻に対するコンプレックスも重なってか、暴力を振るようになった。そして二年ほど前から別居状態になり、現在離婚の協議を行っている。そんな矢先の出来事であった。

彼女が夫の別居先に出向いて問い質《ただ》すと、夫が四年前に事業資金に困り知人から一〇〇〇万円を借りたことが発端だという。返済できなくなった夫は「詐欺で訴える」と言われ、やむなく、その知人と夫の双方が知っていた信用組合に出向き、知人が一〇〇〇万円を借り受け、夫が保証人となって、実際は夫が分割で支払っていくことにした。その際、「担保に入れる物件がなければ、奥さんにも保証人になってもらいたい」と言われ、やむなく無断で彼女の実印を持ち出し、印鑑証明も自分で交付を受けて組合に持ち込み、公正証書の作成に必要な彼女の委任状も、言われるままに作成したとのことであった。

私は彼女に、

「保証人になろうという人が直接金融機関に出向くことがなければ、少なくとも『保証する意向に間違いないか』という問い合わせがあったはずですが」

と尋ねたが、その信用組合の名前さえ督促状で初めて知ったほどで、そのような事実は全くなかったという。

そこで私は彼女を原告とし、「問題の公正証書は無断で作成された無効なものである」として、信用組合宛に裁判を提起することにした。たとえ実体は無効なものであっても、公正証書が存在する以上、すぐにでも差押え等の強制執行が可能だからである。加えて、放っておけば取り返しがつかなくなるおそれもあった。一刻も早くと、私はこの「公正証書に基づく強制執行はこれを許さない」という判決を求める訴え（請求異議の訴えと呼ばれている）の提起と同時に、「この裁判が決着するまでこの公正証書に基づく執行を停止する」という仮処分を求め、相手方の信用組合の存在する住所地の地方裁判所に飛んだ。そして、依頼者から預かった三〇〇万円の保証金を積んで、予定通り強制執行停止の決定をもらうことができ、訴訟を本格的にスタートさせたのである。

双方の意見が食い違い、裁判上最大の争点となったのは、当方の依頼者が保証人になることを了解していたかどうかであった。公正証書に使われた実印を「自宅の金庫から夫が無断で持ち出し、印鑑証明書を入手し、また委任状にも実印を無断で使用したものである」との当方の主張に対し、相手方は、「夫婦であるから夫の行動を当然承知していたはずである。現に公正証書の作成に際し、妻の代理人となった相手方の職員において本人に電話を入れて保証人となることの確認をしている」と主張した。そして、相手方信用組合の職員が証人として出廷し、「自分が電話で本人に直接確認した上でその代理人となり、公証役場で公正証書の作成を依頼したものである」とまで証言した。

しかし、公正証書をよく見ると、この証人は、当方の本人が医師であることを承知していなかったという致命的な誤りを犯していた。すなわち、公正証書の本人の職業欄には、なんと「飲食店業」と記載されていたのである。彼は「私の勤務時間中に奥さんに電話をして、保証人になることを承知していると確認を取りました」と証言したが、その勤務時間中は、本人は医師として勤務している時間帯であり、自宅には居るはずがない。また、医院に電話をして確認したとすれば、本人が病院を経営する医師であることが分かったはずである。何より、職業を誤って公証人に申告したことは、本人に確認していないことを推測させるに十分なこととなる。

私は、この証人の反対尋問によって愁眉《しゅうび》を開いたのであった。心なしか裁判官も同様の心証を得たであろうと思われた。もとより、尋問を受けた本人が、「そのような電話を受けたことは全くない」ということでもあったため、裁判所の審理はようやく終了することとなった。

裁判所が地方ということもあり、また裁判中に裁判官がなんと三人も入れ替わったこともあり、さらには、彼女の夫が訴えを起こして間もなく離婚した後行方不明となってしまい、その出頭が望めなかったりしたこともあって、その間の審理にはすでに五年をも要していた。やれやれという思いで判決を待っていた矢先、裁判所から呼び出しがあり、何事かと出向いたところ、担当裁判官は、「判決を書く段になって気付いたのですが、この請求異議の訴えは東京地方裁判所に専属する事件（専属管轄事件）です。こちらの裁判所にはそもそも管轄がなく判決はできませんので、訴えを一旦《いったん》取り下げ、改めて東京地方裁判所へ提起してください」と言うのである。

「そんな……」。『しまった！』という後悔から、私は絶句した。裁判を提起する場合は、相手方の住所を管轄する裁判所に持ち込むのが通常であり、法律上も原則的な基準なのである。私は、彼女から事件の依頼を受けた際、『とにかく公正証書による強制執行を防がなければ』という一心で、わざわざ相手方の住所地の裁判所へ駆け込んだのである。しかし、言われてみれば、「公正証書に基づく強制執行はこれを許さない」とする請求異議の訴えは、例外的に、公正証書の上で債務者とされている者の住所地を管轄する裁判所とされ、しかも、その裁判所でしか行えない、いわゆる専属管轄であるということを、私はすっかり失念していたのである。その上、訴えを受けた裁判所すらもこれを見逃し、五年も裁判を係属し、結審段階にまで至っていたのである。

私は金槌で脳天を叩かれたような気持ちで一生懸命考えた後、「それでは、管轄違いということで東京地方裁判所へ移送してください」と申し立てた。『確か、裁判所は訴訟がその管轄に属しないと認める時は申立または職権で管轄裁判所に移送する、という規定があったはずだ』という記憶が頭を横切ったからである。

しかし、裁判官は、「五年も経過し、その間三人もの裁判官が関与したものを今更移送などできかねる」と言う。『間違えたのは確かに私だが、裁判所だって間違えたままではなかったのか』と口に出かかった言葉を飲み込み、どうしたものかとしばらく思案した。『裁判の審理は実質上尽くされている。東京へ移されれば振り出しに戻りかねない。それなら、何とかこの裁判官の抱いている心証に基づいて判決を出してもらう方が得策ではないか』。このように考えて、私はとっさに「どうしても駄目でしたら、私の方では取り下げではなく、訴えの趣旨を、『この公正証書に記載された債務が存在しない』という確認を求める訴えに変更します。そうすれば通常の原則に従って当裁判所に管轄があることになるでしょうから、予定通り判決願います」と申し立てた。

このように変更しても、裁判で争われてきた実体にはなんら変わりはないし、内容の審理は尽くされている。するとこれには裁判官も応諾し、間もなく当方の申立通りの判決を受けることができたのである。

その上で、私は念のため、改めて東京地方裁判所に請求異議の訴えを提起した。加えて、この訴訟の裁判が終了するまでの間、公正証書に基づく強制執行の停止を求める旨の仮処分も、改めて東京地方裁判所において決定を受けた。この仮処分の申立は、請求異議の訴えを提起する裁判所でなければならないため、誤って提起した裁判所で受けた仮処分は、結局取り下げるほかなかったからである。この場合も保証金が必要であった。

しかし、前の仮処分のため供託していた三〇〇万円の保証金が戻るまでの日時を待つ訳にはいかないいし、また、私が原因なのに彼女から二口目の保証金を捻出してもらう訳にもいかない。そこで、状況のすべてを打ち明けて了解してもらった上、私が立て替えることにした。当時の〃弁護士倫理〃によれば「特別の事情がない限り、依頼者との金銭の貸借をし、又は依頼者の債務についての保証人となってはならない」とされていた（現在も、弁護士職務基本規程にほぼ同旨の定めがある）ところから、このような対応には問題はないかと考えたものの、自ら蒔《ま》いた種＝責任、を刈り取るためには止むを得ないと判断したのである。しかし、一時的であるにせよ、当時の私にとって三〇〇万円もの調達はまた一苦労であった（今でもとても大変である……）。

信用組合側は、もう一度東京で争えると考えていたのか、前の裁判について控訴をしなかったところから、この判決は確定してしまった。

そこで、私は新たな裁判でこの判決書を提出すると、東京地方裁判所では「公正証書に書かれた請求権が存在しないことは前示判決によって確定しているのである」と判示し、あっさりケリがついてしまった。

一般的な話としても、思いも掛けないことで事件に巻き込まれた相談者が、思い余って弁護士に事件を依頼するものであるが、依頼を受けた弁護士が、意識の有無に関係なく、その傷口を一層拡げてしまうこともないとは言えない。しかも、依頼者の傷も自分が拡げた傷も併せて治さなければならないのは、弁護士自身なのである。

仕事の依頼を受ける時、法廷に立つ時、冷や汗をかいたこの事件を必ず思い出し、自戒するのである。

心の温かい裁判官

司法改革ということが叫ばれて久しいが、そのために設けられた司法制度改革審議会の中で、〝国民が期待している裁判官とは〟という議論が行われ、「心の温かい裁判官」ということが指摘されていた。

私も出席していたある会合で、その意味合いが話題となり、出席者の一人から、「刑事事件で予想より刑が軽い判決や執行猶予が付くと、新聞記事などで『温情判決』という表現が見られるが、そのような判決をする裁判官が『心の温かい裁判官』ということになるのか」という問題提起がされたことがあった。そこで私が、「心の温かい裁判官」という言葉を聞いて一番先に思い浮かべた裁判官とのやりとりをお話しすることとなった。

刑事事件を起こしたA君は、東南アジアの某国の国籍であったが、もともと来日していた父親と日本人の母親の間に日本で生まれ、父親の国を訪れることもなく、日本で成長した。

苦労した父親を助け、事業に成功し、家庭を持って、ようやくゆとりができた頃、父親がかつて来日した折、母国に残してきていたA君の実兄から、是非遊びに来てくれという便りが届いた。

A君は生まれて初めて会う兄のもとを訪ねたところ、兄は世帯を持ってはいたが大変貧しい生活をしており、A君が帰国する際には彼が着て行った洗濯すべき下着類まで、「全部置いていってくれ」と懇請されたほどだったという。しかし、帰国に際して頼まれたのはそれだけではなかった。兄は一見〝砂糖袋〟のような包みをA君に差し出し、「成田空港に私の知り合いの者が出迎えるから、その者に渡してほしい」と言うのである。A君も、それが禁制品の覚せい剤ではなかろうかと察しがついて固辞するが、兄から、「これで貧乏生活と手を切りたい、一回限りのお願いだから」と執拗《しつよう》に懇願され、遂に断りきれなくなってしまう。

成田空港に到着し、兄から聞いた目印を頼りに迎えに来ているはずの相手を探したが、見当たらない。そこで兄から渡されたメモの電話番号に電話を掛けると、相手は「急用で迎えに行けなくなってしまったので、上野まで届けてほしい」と言う。A君は、とにかく早く品物を自分の手元から離したいという思いに駆られ、出国の際に空港駐車場に預けていた自分の車輌に乗り込んで、上野に向かった。しかし、一刻も早く手離したい一心で、助手席に置いた包みが気になり、運転が思うようにいかない。それのみか、次第に身震いがしてきて車輌が小刻みに蛇行し、果ては高速道路の中央に設けられたガードレールに衝突してしまった。そして、駆けつけたパトカーによって、助手席に置かれた包みは苦もなく発見され、彼は、「覚せい剤取締法」の規定による覚せい剤所持の現行犯で逮捕されてしまったのである。

彼の弁護人として東京地方裁判所に出廷した私は、刑事部で開かれた第一回の法廷の冒頭で、裁判官が被告人本人の確認をするに当たって「A君」と呼びかけたことに、耳を疑った。呼びかけられた本人も一瞬びっくりした様子だったが、緊張で引きつっていた顔が、私には幾分ほぐれたように見えた。一般に、刑事法廷では「被告人」と呼称され、裁判官から「君」づけや「さん」づけで呼ばれた経験は、私は初めてであった。A君の担当裁判官は、公判の最後まで、彼を「A君」と呼んだのである。刑事被告人であっても、法律論からは有罪が確定するまで無罪の推定を受けているのであるから、当然といえば当然かもしれないと私は独り合点をしたが、私にはそのことを裁判官に確かめる機会はなかった。

事件の内容についてはA君が全容を素直に認めていたから争いようのない事案であったが、拘留中に彼の初めての子供が誕生したり、また、父親が事故で亡くなってしまったりなど、テレビドラマ以上に人生の縮図を見る思いであった。しかしながら、せめて父親の葬儀に出席させてやるために勾留を一時的に停止してほしいという私の願いは、犯罪の性質から、裁判官に受け入れてもらうことができなかった。

ところで、審理の最終段階で、検察官がその論告の中で、なんと、「第三国人」の犯行によって多くの日本人が覚せい剤の被害に巻き込まれるという趣旨の発言を行ったのである。するとA君の顔色がみるみる蒼白となり、痙攣《けいれん》するのが傍目にも見てとれるほどであった。この言葉は、ある国々の外国人に対して、侮辱かつ人権を侵害する重大な差別語彙である。したがって当時でも、A君がこの言葉から受けた衝撃には計り知れないものがあったのである。

私はその直後の弁論で、

「兄の生活ぶりに同情するにせよ、法を犯してならないことは言うまでもありませんが、兄を想う気持ちには国籍の違いや国境はないでしょう」

と、検察官の発言を暗に非難した。しかし、外国人として侮辱されたと取ったA君の気持ちの高ぶりは、押さえようもなかった。私は閉廷後裁判官に面会を求め、

「検察官の発言のままでは、裁判官が幾ら公平な判決を言い渡したとしても、A君は『日本の裁判所は国籍の違いで差別した』という誤解をしかねず、とても判決には納得しないでしょう。ですから、判決の際に裁判官から『そういうことは絶対にない』と付言してください」

と要請した。

判決当日、偶然か裁判官の示唆によるものか定かではなかったが、検察官席には論告した検察官とは別の人が席に着いた。そして裁判官は判決の冒頭に、「前回、検察官からA君に誤解を与えるような発言があったことは誠に遺憾であるが、日本国の裁判所では、国籍の違いにより刑を差別するようなことは絶対にない」と告げた上で、「しかし、A君の犯した罪は、法に従い、また今まで多くの裁判の例に比しても実刑を免れることはできない」とし、懲役三年の実刑を言い渡した。

その直後に私が拘置所を訪ねると、A君は前回とは異なる清清しささえ感じる顔付きで、

「納得できました。すぐ刑に服して早く戻りたいので、控訴はしません」

と言うのだった。A君に対する処分は法律に基づく当然とはいえ厳しいものであったが、裁判官も人間だという温かい気持ちが彼には伝わったのだと、今でも思うのである。

現在は、空港等でのチェックの厳格化により、そうやすやすと覚醒《かくせい》剤や麻薬を日本に持ち込むことは非常に困難になっている。

人情の機微

それは、ある大手企業に勤務する、上司である管理職の男性と、その部下の女性社員を巡るトラブルが発端だった。

上司は奥さんを亡くしており、一方、女性はその夫から離婚の申立を受けて調停中で、女性が夫との問題を上司に相談し、上司が親切にアドバイスをしているうちに、二人は次第に親密な関係に発展し、上司は女性の離婚が成立したら彼女と再婚してもよいとまで考えていた。ところが、女性は夫との調停の場で夫側から「上司との不倫の疑惑がある」と指摘されると、つい「上司からパワーハラスメントやセクシャルハラスメントを受けていたのであり、自分の本意ではなかった」と弁解してしまう。女性は結局夫と離婚することにはなったが、上司は彼女の調停での対応を知って、その気持ちが微妙に変化し、やがて二人の仲には亀裂が生じてしまった。

それから数カ月を経た後、女性は上司から「他の女性との再婚話が持ち上がった」と告げられると、逆上したかのように、上司に対し「セクハラやパワハラを受けていた」と主張して、慰謝料を求める訴えを提起するに至った。私は、この上司である男性から依頼を受けて、事件に関与することになったのである。

双方が勤務する会社は有名な企業であり、また訴えの内容が内容だけに、マスコミ、特に週刊誌などの格好の対象となりかねない。企業名が公にされたり、二人の関係などが報じられたりすれば、どちらも勤務を続けることさえ難しくなるであろう。そこで、原告側から裁判所に対し、事件の内容がプライバシーにかかわることであり、マスコミにさらされることを極力避けたいとの趣旨で、「この事件の記録の閲覧や謄写を制限してほしい」との申立がなされた。被告側も異存があるはずもないから、これには同意して裁判は開始され、二年近い訴訟手続きを経て、判決の日を迎えることになったのである。

この裁判は、セクハラの有無という内容が内容だけに、どちらにとっても決定的な証人が居た訳ではなく、判決の予測が困難な事件だったから、私も緊張しており、言い渡し予定時間よりかなり早めに裁判所に到着した。そして、まだ誰も来ていない法廷に入り、依頼者の男性と共に被告席に座って開廷を待っていた。

しばらくして書記官が入廷し、あとは原告側が揃えば、裁判官が入廷する手はずとなる。

息を押し殺すような沈黙の中、書記官がすっと私の側に近寄ってきて、突然、

「この事件は訴訟記録の閲覧が制限されている案件ですから、判決が出された後に記者会見をされるような場合には、このことを心得ておいてください」

と告げられた。私は、

「ええ、承知しています」

と答えたものの、間もなく言い渡されるはずの判決のことで頭が一杯で、ほとんど上の空だった。


やがて原告側も到着し、間髪を入れず裁判官も入廷した。

判決の結果は、当方の勝訴だった。原告が主張したセクハラ行為は、事実が認められなかったり、あるいは双方の合意を前提とするものだったと認定されたのである。ほっとして裁判所を後にし、地下鉄の駅に向かう途中、私は思わず「あっ」と声を上げて立ち止まった。判決直前の書記官の一言は、こちら側の勝訴をさりげなく伝えてくれたのではなかったか、と私は落ち着きを取り戻した段階でようやく思い当たったのである。負けていれば、こちらからマスコミにその結果を公表することなどあり得ないから、「話してはいけない」という注意は、勝つことを前提にしなければ出てこないではないか。

書記官が判決内容を事前に漏らすことなど、もとよりできないことであるから、私の思

い過ごしであったかもしれないが、事件に精一杯取り組んでいれば、その一部始終を見聞きしている書記官も温かい眼差しを送ってくれているのだ、と勝手に理解し、それ以来、どんな事件でもより一心に取り組む縁《よすが》としたいと思い、実行している。

同様なことを、私の次男の高校入試の際に味わったことがある。

二歳上の長男が通う某高校に入学を希望していたが、野球にばかり打ち込んで一向に成績の上がらない次男のことは、中学校の担任の先生にとっても心配の種だったらしい。

合格発表の前日のこと、長男が高校での放課後、たまたま廊下で担任教師に行き会った際に呼び止められ、「『君の弟さんも受験していたのだな』と言われた」と、帰宅後妻に話したという。そして、長男は先生の次の言葉を待ち、先生の表情をじっと見つめていたが、「先生は受かったとも受からなかったとも仰らず、そのまま教員室に入ってしまわれたんだよ」ということだった。

夜遅く帰った私は、妻からこの話を聞くなり、「合格できて良かった」と二人で喜び合った。もし不合格だったとすれば、先生は長男を傷つけまいと配慮されて、黙っていてくださったに相違ない。それが私たち夫婦の一致した考えだった。その上で、私は妻に、子供たちには妻の考えたことを言っていないということを確かめ、とにかく合格発表には次男自身で確かめに行くことが大切だからと、自分たちの口を封じることにした。

翌日の夜、次男の合格祝いの席で、私と妻は長男に先生が声を掛けてくださったことの意味合いを話した。

「先生は、精一杯教えようとされたのだね。それに気付かないなんて僕は馬鹿だね」

とはしゃぐ長男に、妻は、

「早く分かるようにならなきゃね。でもね。その秘密を守ることの方が、相手の親切に応える、もっと大切なことなのよ」

と追い討ちを掛けた。

弁護士の表彰

人間誰しも褒められて怒る者はいないであろう。子供は上手に褒めろというが、大人についても同様であると思われる。

良し悪しはともかく国家による表彰制度の最たるものは文化勲章と叙勲であり、文化勲章は別格としても、褒章や叙勲はさまざまな業界に一定の枠があるのである。弁護士も叙勲の対象となるが、この対象は最高裁判所の枠の中にあり、毎年人数も限定されている。そこで、日弁連では、最高裁に叙勲候補者を推薦するに当たり、会長・副会長など一定の役職経験者と最高裁の司法研修所の教官経験者などに絞って、満七〇歳に達した人たちを順番に推薦している。

私が弁護士になったばかりの頃、多くは酒の席で、「弁護士は在野法曹なのだから在朝法曹と同じように叙勲を受けるのはどうか」という議論がある一方、「最高裁長官が勲一等なのに日弁連会長が勲二等とはおかしい」という意見もあって、「最高裁から推薦されても辞退すべきである」とする意見も少なくなかった。しかし、こうした意見を述べていた先輩弁護士も、やがて日弁連の役職を務めた後、叙勲適齢期に近づくと「辞退」のトーンが格段に低くなり、後輩の私などにもそれとなく相談されたりするので、私は「素直にもらっておけばいいじゃないですか」と答えることにしていた。

私がたまたま日弁連の事務総長に就任していた時のこと、ある先輩などは、すでに勲三等の授与を受けていたが、後に予定外の役職を歴任したところから勲二等の叙勲の資格が取れたので、「三等を返還すれば二等をもらえるのではないか」と相談に見えたことさえあった。もし、仮に日弁連において、叙勲候補者の推薦に当たってその人たちの功績など実質的に審査することにしたりすれば、恐らく収拾がつかなくなり、「皆辞退しろ」ということになってしまうのではないかと考えたりもしたものである。

私が属する東京弁護士会の新年式では、毎年、在会五〇年の会員、寿齢八〇歳の会員の表彰と併せて、東京弁護士会人権賞（東京弁人権賞）を授与するのが恒例となっている。そして、この人権賞を制定した趣旨は、「戦後、日本国憲法のもとに基本的人権は生まれ育ってきました。しかし、人権が侵される事例はまだまだ跡を絶ちません。人権は、多くの人々のたゆみない努力によって、擁護され発展し、定着していくものです。弁護士法第一条は、『弁護士は、基本的人権を擁護し、社会正義を実現することを使命とする…』と定め、人権の擁護を弁護士の責務としています。東京弁護士会はこうした責務を自覚し、今なお人権に対する侵害が存在し、人権の内容の空洞化などが指摘されている中で、人権擁護活動に地道な努力を積み重ねてこられた方々を表彰し、人権の発展、定着に寄与することが極めて意義のあることと考えております」とされている。

東弁人権賞の選出は昭和六一（一九八六）年から始められたから、四半世紀を経過しようとしている。最初の頃は被表彰者に弁護士も含まれていたが、最近はほとんど見られなくなった。平成一八（二〇〇五）年、いわゆる横浜事件の第三次再審請求弁護団が受賞されたが、弁護士または弁護団の受賞は実に一〇年ぶりのことだった。私には素直なところ、人権賞は『独り歩きをし、遠くに行ってしまった』という思いが募るのである。

人権賞の発端は、たまたま、私が東弁の副会長の一人だった頃、理事者会の席であったと思うが、「会員の研修会の出席をどのように確保するか」という問題に関連し、「会として弁護士登録をして五年、一〇年といった節目ごとに研修を行うと共に、業務を行う上で問題を起こすこともなく無事経過した会員を表彰し、今後も弁護士業務に精勤することを鼓舞する制度を作ってはどうか」と提案したことからだった。『在会五〇年表彰や八〇歳表彰もいいが、若い会員には五〇年後でなければ受けられない表彰式に興味などないのではないか。人権擁護と社会正義を標榜《ひょうぼう》する弁護士が五年、一〇年無事に業務に励んでいれば、自ずから、それなりに人権擁護のため貢献しているといってよいのではないか。そうした会員を一堂に集め新年式を祝うことが、より意義のあることであろう』。そんな思いからの提案だった。

しかし、それは「もっと積極的に人権擁護のため貢献した会員に」、強いては「人権擁護の活動なら会員に限らないのではないか」と、議論はエスカレートしていった。「受賞者を公募しよう」、「公募する以上、賞金も出さなければ」、「そうであれば、権威あるものとするため、選考委員もそれに相応しい人に就任してもらおう」などなど。そして、東弁人権賞が誕生するに至った。従って、当初は弁護士も当然のように表彰の対象とされていたのである。

かつて私が日本弁護士連合会事務総長の頃、会員の非行事件が頻発し、国会の法務委員会に呼び出された際、ある弁護士出身の国会議員が、私が日弁連新聞に寄せた「初心忘るべからず」という文面を取り上げ、エールを送ってくれたことがあった。私たちが弁護士になった際の挨拶状には必ずといってよいほど、弁護士法に謳《うた》われた「基本的人権を擁護し、社会正義を実現する」ため職責を全うする、と書いたものであり、その気持ちをいつまでも持ち続けていたい、といった内容を記したものであったが、その国会議員は、

「弁護士が非行のないよう、その趣旨を弁護士一人ひとりが自覚してほしい」と言うのであった。

心なしか、最近の挨拶状には、この定型的な文言のないものがほとんどのようである。弁護士法第一条を金科玉条にするのは少数説なのであろうか。であるとすれば、私は改めて、一〇年ごとにでも「無事過ごしたで賞」という賞でも設け、全受賞者を壇上に上げることを提案したい気持ちなのである。

ボス弁の一言

私が四〇年ほど前に弁護士になった際には、同じ大学の研究室の、先輩弁護士の事務所にお世話になった。こうした私のような弁護士は、ご飯を食べさせて頂いて（給料を頂いて）ボス弁（所長弁護士）の仕事を手伝うところから、イソ弁（居候弁護士）と呼ばれている。現在では弁護士人口も増え、イソ弁の口も容易ではなく、ノキ弁（事務所の軒先を借りる＝籍だけ置かせてもらうという意味）と称される人たちや、即時独立しなければならないソク弁もあり、駆け出し弁護士にとっては、まず生活を維持することも大変な時代になったものである。（参考▼検事から弁護士になった人はヤメ検、判事から弁護士になった人はヤメ判と言われる。定年前になった人を言うとか、定年になってからなった人も含むとか、いろいろな考え方があるようだが、議論は省略する。）

イソ弁にとっては、給料もさることながら、仕事を覚えることが、自分の将来にとって何より大切なことである。ボス弁が主としてどんなお客さんを相手に、どんな仕事にどのように取り組んでいるのか、どんな日常生活を送っているのか、その一挙手一投足が知らず知らずのうちにイソ弁にコピーされ浸透していくと言っても過言ではない。

もとより、努力して弁護士になっているのであるから、事の良し悪しは分別できるはずであるし、ボス弁の行動がすべて納得できるものとは限らない。しかし反面教師という言葉もある。良い点は学び、悪い点は修正すればよいと割り切ればよいとしても、一宿一飯の恩義は決して軽くはないので、正面からボス弁を攻めることはできない。

ボス弁の顧客であっても、任された事件の処理は、イソ弁によっては自《おの》ずからボス弁とは異なることもあろう。しかし法廷では自分の足で立つ以外にない。外部の人の目から見れば、イソ弁であろうとボス弁であろうと同じ資格を持つ弁護士なのであり、同じ能力があると思っているであろう。

私はイソ弁の頃、他の事務所にいる後輩をボス弁が評するのに、「彼はあの事務所にいながら……」という言葉をよく耳にした。あのような事務所でよく頑張《がんば》っているという意味であったり、あの事務所にいながら自分の能力が足りず伸び悩んでいるという意味であったりする。どんな事務所にいても、依頼者との対応はもとより接渉や訴訟の場において評価されるのは、担当弁護士本人なのである。学ぶ気であれば、相手方代理人からでも学ぶことは無限にあると言えよう。良し悪しの選択は、あくまで本人の問題なのである。

私はボス弁の事務所の居心地がとても良かったため、丸一〇年近くもお世話になったから（給料が三年目ぐらいからなし崩しに歩合制になったこともあるが）、仕事面でのボス弁のやり方はほとんど自分の手口になってしまい、どれが教わったことであり、どれが自分で学んだことなのかほとんど覚えていないほどだが、教えられたその大半は、日常の会話や懇談の中でボス弁の体験から滲《にじ》み出た、弁護士としての心構えや日常生活での心掛けについてのさまざまな一言である。

ボス弁の事務所はＪＲの神田駅近くにあって、周りは一年中騒然としていた。長靴履きのお客さんが当然のように出入りし、相談や事件の内容も本当にさまざまで、大半が細かい事件であった。私のイソ弁一年目に担当した事件数は、相談や接渉で済ませたものを入れれば一四〇〜一五〇件ぐらいに及んだ。とにかく「何とかしてくれ」と駆け込んでくる人がいれば、ボス弁は断ることなく相談に乗り、その上で「君、やってあげてくれるかね」と私に振ってくる。その内容も千差万別で、初めてのことも珍しくなく、「とても私には無理」と婉曲《えんきょく》に断ろうとすると、「君ね、弁護士は一度経験すればベテランで、一度も処理したことがなければ何十年弁護士をやっていても素人《しろうと》なんだよ」と言い、加えて「一度断ると生涯取り組めなくなるよ」と脅かすのであった。

実際に、私のボス弁は、会社更正法が初めて制定・施行された直後、東京地方裁判所に第一号事件の申立を行い、その記録は長らく司法研修所にも残されていたということである。その申立事件は、後に会社更生の申立が事実上大企業を対象として行われるようになった事案に比べ、全く小規模な顧問会社について行われたものであった。その先例に習い、私もその後二件の更正申立を担当させられることになる。今でこそ破産の申立は日常茶飯事のように行われているが、当時は破産の申立を手がける弁護士は比較的少なく、特殊な分野と見られていたようで、ボス弁の先輩や同輩の弁護士が、こうした事件の処理を依頼に来たこともあったほどである。

私がボス弁の言葉で一番肝に銘じ、未だに心掛けていることは、「弁護士の報酬は、入金されるまで当てにしてはならない」ということと、他面「収入がなくても家庭には生活費を入れなければならないから、収入は自分で管理して、毎月きちんと家計に入れるようにしなければいけない」ということである。いずれも、修習生時代にボス弁の事務所を訪ねた折に聞いた言葉である。私がイソ弁としてお世話になる折には、ボス弁は給与の額を明示してくれなかったため、私は妻に対し、「弁護士になったらしばらく給料はもらえないかもしれないので、数カ月はヘソクリで生活してくれ」と宣言！（実質はお願い）したほどであった。しかし、ボス弁に最初の月に支払って頂いた額は、同期のサラリーマンの平均給与の一・五倍にも当たる金額であったため、私は、自分の国選事件や友人などから受けた事件の臨時収入はすべて「ないもの」として、一旦《いったん》別枠の預金通帳に預金するように努めた。

ある先輩から、「前年度の一年分の収入をプールして、翌年度はその収入で賄えるように予算を組んで支出している」と聞いたことがある。これに倣おうと努力してみたが、やっと長い時間を掛けて生活費以外の資金をプールすると、子供が生まれたり、自宅の購入や事務所の開設があったりで、預金はまるで賽《さい》の河原の石積みのように崩れ去り、曲がりなりにも一年分の収入をプールできるようになったのは、弁護士になって実に三〇年が経過してからであった。

私は司法研修所の教官や法科大学院の非常勤講師を務めた際、修習生や大学院生に「弁護士にとって大切なことは何か」と問われると、このボス弁や先輩の言葉を借りて「何よりも、経済面において自己管理ができること」と答えていた。さらに、金銭の自己管理なくしては家庭の崩壊すら引き起こしかねないことを、昔のいろいろな事例を引用して縷々《るる》説明したのである。

ボス弁の事務所

前の「ボス弁の一言」でも触れたが、私が弁護士登録と同時にイソ弁としてお世話になった事務所は、神田鍛冶町の中央通りに面した四つ角に建つ「キンダイビル」というビルの三階にあった。「キンダイビル」とは名ばかりで、戦争で焼け残ったという、近代と言うにはほど遠い古いビルの、一〇坪余りの一室であった。

ボス弁は、私や事務員に対してはきめ細かな配慮があったにも拘《かか》わらず、事務所や内部の設備には全くと言っていいほど無頓着であった。狭い事務所の真ん中は横幅五〇—六〇センチメートルほどの造り付けの本棚で仕切られ、片側にはボス弁の使用する机と応接セットが置かれ、反対側はイソ弁第一号の私とタイピスト兼事務員の使用スペースとなっていた。

ボス弁の話によれば、事務所を設けた際に知人の家具屋さんに造らせたという本棚は、ボス側から見るとガラス戸まで備えた立派なものであったが、その分厚い幅は事務所の中央六分の一ほどを占めてしまっているし、私のサイドからは単に家具の裏側をさらけだしているに過ぎない上、六法全書などの書籍を置くスペースもなかった。私はボス弁の夏休み中に、当時、向島の自宅付近で長屋の部屋の改装などを気楽に応じてくれていた大工さんに、本棚を直してもらうことにした。その厚みを利用し、裏側の板を外して棚の中ほどを境の板で仕切り、両面から書籍を入れられるようにしようという魂胆なのである。

狭いところの補修などに慣れている下町の大工さんは、さすがに仕事が早い。夜遅くまで掛かったものの、一日で私の思いどおりの本棚を完成させてくれた。

もっともこの大工さん、帰り際に「さすが腐っても神田だねえ。うちの近くじゃ、これじゃ倉庫でしか借り手はねえわな」と、のたまわったのである。

夏休み明けのボスに、勝手に本棚を直させてもらったことを詫びたところ、ボスは「よく気付いてくれた」と上機嫌で、「大工さんの工賃は幾らか」と聞く。私が「余分に頂戴した給料から支払いました」と断っても応じてくれず、過分にもらってしまい恐縮した。

しばらく後、ビルの持ち主から依頼を受けたらしい職人が、廊下のプラスチックタイルの張り替えを行っていた。見るともなしに見ていると、真四角のタイルを廊下の中央部分からきちんと揃えて張り始め、四隅を残している。素人考えでは片隅から順番に張っていくものだとばかり思っていたのだが、なるほどこうすれば真ん中の大半の部分はきれいに揃う。しかし、半端になった四角いタイルに足りない隅の部分はどうやって張るのだろうか。今度は意識してじっくりと拝見することにした。すると、隅の線に沿ってすでに張られたタイルの上にもう一枚のタイルを重ね合わせ、さらにその上にもう一枚壁側にぴったり付くようにタイルをずらせて重ね、その重なり合った線に沿って真中に挟んだタイルを切り、切り離された部分を残された隅の部分にはめ込むのであった。小学生の頃に図工か算数かの授業で学んだような気がして、『これなら自分でもできる』と興味が湧いてきた。

私は工事用のカッターナイフと定規を用意して事務所に休日出勤し、見様見真似で床張りを行った。タイルや接着剤などは、あらかじめタイル職人に聞いていた資材業者に依頼して配達しておいてもらっていた。古いタイルを剝《は》がすのはその後を考えると素人には大変だろうと思い、ひびが入ったり欠けたりしている部分だけを補修して、その上から新しいタイルを張ることにし、実験的にまず自分たちのスペースから始めた。狭い上に机などの備品が置かれているので厄介ではあったが、それらを取りあえず廊下や隣のボスの居室部分に引きずり出してタイルを張り出すと、妙に楽しかった。素人仕事ではあったが、古いタイルよりはよほどましであると自分で納得できたので、二回目はボス弁の部分を敢行した。ボス弁は、今度はタイル職人を呼んだと思ったらしく、私が自分で張ったと言っても半信半疑だった。私は「裁判所へ提出する書面の原稿を、切り貼りして作成するよりよほど楽です」という言葉を飲み込んだ（ワープロなどない時代の話である）。

これに気を良くした私は、今度はボス弁が出張中の比較的暇な時期を狙って壁紙を張り替え、部屋の模様替えを一応終了させた。

部屋はどうやら落ち着いたものの、事務所には空調設備が無く、しかも窓際の私の席には否応《いやおう》なしに夏の西日が差し込んだ。たまりかねて窓を開けると、道路際の電柱に取り付けられた拡声器からひっきりなしにパチンコ店などの宣伝や音楽が流れてくる。

私は近くの秋葉原に出向いて背の高い扇風機を買ってきて、私たちのコーナー入口に置いたりしたが、一年目の夏を過ごすのが精一杯でとうとうギブアップし、翌年ボス弁に頼んでクーラーを付けてもらうことにした。ところが、工事に来た電気屋さんは、

「窓枠の寸法が戦前のもので、これに合うクーラーはないから、窓枠から付け替えなければ駄目です」

と言う。なんでも、この当時、同じサイズの窓が残っているのはＹＭＣＡ（神田小川町にあるキリスト教青年同盟）の建物ぐらいであろう、ということであった。

結局、電気屋さんは、クーラーを取り付ける部分の窓枠を取り外し、特別製の窓枠を作成してはめ込んだのである。

やっと利用し始め涼しくなったところ、なんと今度は一階の金物店の店主殿が血相を変えて飛び込んできた。「クーラーからの排水の滴が、店先の商品の上にポタポタ落ちている！」と口角泡を飛ばして怒鳴る。そこで丁寧に謝った上、「差し支えない場所に排水したいが、お店に良いホースはないですか」と尋ねると、今度は揉《も》み手で「ございます」と言う。必要な長さと排水の場所を店主に決めてもらい、購入装着し、まーるく治まったという余談があった。

弁護士の資質とは

さまざまな意見を耳にするものの、法科大学院が本格的に始動し、法曹人口、特に弁護士人口が否応なしに増加している状況の中で、弁護士としての資質が落ちるおそれがあるということで、日弁連や弁護士会などで改めて「弁護士にとって必要な資質」とは何かということが検討されている。

私は、弁護士にとって必要な資質とは？と問われた際には、私自身がそんな資質を備えているのかどうか心もとないものの、さりとて質問をはぐらかすつもりはないので、まず「自分が『弁護士になって良かった』と思っていることを四つほどお話ししたいのでお聞き頂けますか」と言うことにしている。

弁護士になって良かったと思っていることの一つ目は、さまざまな人たちとさまざまな形で出会えるということである。しかも、どういう立場のどんな人であっても対等に話し合うことができ、時としてお付き合いをすることもできることであり、たとえ総理大臣経験者であっても有名な芸能人であっても、同様である。医師の診察を受ける際には、どんな偉い方でも裸になることが必要であろう。弁護士も、縁あって法律的な相談なり打ち合わせをすることになれば、穿《うが》った内容まで説明して頂く場合もあり、医師の診察と同じことが言えるのである。

二つ目は、弁護士の仕事としては、たとえ相手が国家や地方自治体であっても訴訟を起こすことが可能なことである。公害訴訟などはその典型であり、私もいわゆるスモン訴訟弁護団の一員として加わった経験がある。また、刑事事件は、大袈裟《おおげさ》に言えばどんな小さな事件であっても国家権力と闘っているといってもいいであろう。係争には何年もの長い歳月を要したり多忙を極めたりもするが、その充実感は何ものにも替え難いものがあるし、さらに勝訴した場合などは、その喜びに勝るものはない。

三つ目は、弁護士の生活は、私生活のみならず弁護士本来の仕事の上で監督を受けたり干渉されたりすることがないことである。国相手の訴訟を想定すれば、国家権力からであっても、拘束されることはあってはならないことであり、弁護士は弁護士会や日弁連の監督下にあるだけで、弁護士としての活動は弁護士会の自治の保護の下にあると言ってよい。弁護士の生活は公私にわたり自主性に委ねられていて、自由に生活設計をすることができるから、ボランティア活動に時間を割いている人も少なくないのである。

四つ目には、怠けていない限り、そこそこの生活の糧が得られる。もっとも、最近では弁護士人口の増大と共に若い弁護士の収入が減って、「楽ではない」と言われているが、経験を重ねるに従って収入も増えていくものであることは、昔も今も変わらないといってよいのではなかろうか。

その他、時折、友人や知人、あるいはかつて世話になった人たちのお役に立つことができるのも、弁護士という専門分野での仕事のおかげである。


さて、このように『弁護士になって良かった』と思える生活を維持発展させていくためには、弁護士にとってどのような資質が求められるであろうか。

まず、どんな人とも対等に付き合えるように、自らがそれなりの力を身につけておく必要がある。そのためには、相手がどのような人物であっても信頼してもらえるような豊かな人間性を身につけるという自覚と、たゆまない努力が求められる。決して法律的な知識のみではなく、生活の場で学んださまざまな知識や体験が私たち個人の人間性を豊かにしてくれるとすれば、それは一朝一夕で築き上げられるものではなかろう。

次に、ときとして国家権力をも相手にする訴訟においては、裁判官や検察官のみならず優秀な官僚にも対等に立ち会える識見が必要となる。法律業務の基本的知識はもとより、従来の判例に従うだけでは現状を変えることにはならない。法律的な改革を求めるためには、自ら法を創造していくような気概と能力が必要となろうし、弁護士の職務を続ける限り、学習の継続は不可欠といえよう。

また、弁護士の生活は自主性に委ねられ自由に設計ができるということは、逆に言えばすべて自己責任で行わなければならないということである。家族を含めた日常生活の管理、健康面での管理、事務所経営や金銭面での管理など、一切の管理を自ら行う能力が身についていなければならないということでもある。

こうした能力を持ち自らを規律できなければ、たちまち経済面で破綻したり生活を乱したりということになりかねない。

担当事件の処理に伴い、顧客のために多額の金銭を預かることも少なくない。こうした預かり金を一時的にもせよ流用しようとか、そうした場合には入金が予定されている他の金銭で補えばよいなどという考えを持つ人は、それだけで弁護士としての資質を欠くと断言する。

「弁護士になれば儲《もう》かる」と考えている人がいるとすれば、そのような人の弁護士としての資質にも大いに疑問を抱く。

大分以前、弁護士への報酬の規定があった時代のことであるが、ある先輩の法律事務所に、弁護士報酬について「お金のある人からは規定通り頂きます。ない人からは頂きません」という張り紙がしてあったと聞いたことがある。時代劇での医者の『赤ひげ』だったかにも、こういう気概を見たことがある。私の知る限り、多くの弁護士は多かれ少なかれこういう気持ちで依頼者と接していると言ってよいであろう。自分を厳しく律することは、依頼者のみならず社会通念や社会規範の創造にもつながるものがあるだけではなく、自ら「弁護士の資質」に通じるものがあると考えるのである。

弁護士のセカンドオピニオン

最近、医学に関連して「セカンドオピニオン」という言葉をよく耳にする。自分が診療を受けている主治医、担当医以外の医師の意見を求めたり、診察を受けたりという意味合いで使われるようである。

私も数年前、胃がんの手術を受ける際には他の病院で再検査を受けた上、納得して手術を受けた。もっとも私の場合は、特段、医師の治療を受けていた訳ではなかった。たまたま、近所の医院を窓口として、居住している区が実施している区民対象の集団検診で受けた胃カメラで異常が発見されたのであった。窓口を担当してくれた医師は、検査結果を踏まえ、「さる有名な大学病院に紹介状を書くから、入院や手術を覚悟し、なるべく早く診察を受けるように」という指示であった。

私は、集団検診の際、胃カメラに映し出された胃の突起物をベッドの上で眺めていたし、その写真を医師から見せられ、明確には宣言されなかったものの、『これは胃がんかもしれない』と察しはついた。しかし、それまで全く自覚症状のなかった身としては、なんとなく納得できず、もう一度他の医療機関で診てもらおうという気持ちで一杯だった。そして、とっさに、がんの経験を持つ知人の言葉が思い浮かび、

「知人の医師から『何かあったら自分に相談するように』と言われているので、そちらに連絡を取った上、改めて紹介状のお願いにあがります」

と、一両日の猶予をもらい、医院を出るや否や知人に連絡を取った。そしてその足で他の病院に出向き、再度検査を受けたのである。その結果は区の検査結果と同様、速やかに手術を受けた方がよいというもので、胃がんとはっきり告知されたのである。

がんの治療方法にはいろいろあるにせよ、私の体調や年齢、がんの症状などを検討した結果、「早期に手術することを勧める」ということであったため、その病院で手術を受けることを即断した。そして、入院に先立ち、最初の検査を担当してくれた医師にお礼とお詫びを込めた経過報告の手紙を書いて、妻に届けてもらった。

私のように、たった一度検査を受けただけであっても、その担当医師の診断結果に逆らうとなれば、少なからず勇気がいるものである。まして、長い間診療を受けている患者が、担当医に手術を勧められてしまい、藁にもすがる思いで「セカンドオピニオン」を求める

ことは、『医師の感情を逆撫《さかな》ですることにならないだろうか』と躊躇《ちゅうちょ》したり、あるいは、『その後の診療を受けられなくなっては』という不安に駆られたりして、なかなか口に出すことはできないのではと思う。

弁護士と依頼者との間にも、同じようなことはいえよう。

公的な無料法律相談の場には、すでに弁護士に事件処理を依頼しているにも拘《かか》わらず、その弁護士の処理の仕方が「妥当かどうか」とか、その弁護士の意見に「納得がいかないので」、といった相談も間々ある。このような相談所では、限られた時間内に相談者本人の話だけで判断するのであり、また、進行中の事件について詳細な経過も知らずに断定的な意見を述べることは避けるべきだと自戒はしている。その上で、事件を担当している弁護士が、なぜそのような処理を選択したのか、あるいは、なぜそのような意見を述べたのかを、相談者の話の中から探り出し、『納得させてあげることができれば』という思いで耳を傾けることにしている。

弁護士の立場からすれば、依頼者の要望は承知していても、事件の内容からどうしても希望通り実現できない場合もあれば、次善の策を講じなければならない場合もあるから、必ずしも依頼者の要望通りに事が運ばない場合には、より丁寧に説明する必要があろう。

こうした相談においては、私は「あなたは費用を払って弁護士に依頼しているのですから、なぜそうなるのかと納得がいくまで聞くべきです」と付け加えることにしている。弁護士は弁護士で、依頼者のために頑張《がんば》っているという自負があるから、依頼者が口を挟まなければ、納得していてくれるものと思いがちであることも否定できない。それでも、どんどん質問や意見を述べてくれれば、納得いくまで説明することになるはずである。

しかし、中には、自分の依頼した弁護士であっても、『相手は専門家だから』と口をつぐんでしまう人もいることを弁護士は自覚して、依頼者が自分のやり方に納得してくれているであろうかと、時折検証する必要があると思うのである。

時として、事務所を訪ねてきた相談者から、「現在裁判を依頼している弁護士の事件処理が納得できないので、代理人として加わってもらえないか」とか、「先任の弁護士に辞めてもらうので、替わってもらえないか」というような相談もある。

担当している弁護士からの応援依頼であればともかく、事件処理の途中で、依頼者から「他の弁護士にも加わってもらうから一緒にやってほしい」と言われたら、『自分は信頼されていないのか』と考え、「辞めさせてくれ」ということになりはしないであろうか。そこまでではなくとも、先任弁護士のやる気を殺《そ》ぐことになりかねない。相互によく知っている弁護士同士ならいざ知らず、遠慮なく討議したりできるかも疑問である。それ故、私は、ケースにもよるが、裁判に弁護士を増員するメリットよりデメリットの方が多くなってしまうことを危惧《きぐ》する。

それでは、弁護士を交替させた場合はどうであろうか。

その場合には、依頼者側の弁護士同士の引き継ぎが十分に行えるかどうかということだけではなく、相手方や裁判所との対応においても支障をきたすことがないかを考える必要がある。それまでの訴訟の経過を詳しく知る弁護士が抜けることは、相手方を勢いづかせることになりかねないし、後任者としては、今までの経過を前提としていろいろ指摘や主張をされても、十分に対応できないこともあろう。そして、多少なりとも裁判の進行にも影響を与えることにもなろうし、裁判官に対しても、『なぜ交替させたのか』、『依頼者との間に何かあったのか』といった疑問を抱かせることにもなりかねない。よほどのことがない限り、弁護士を交替することもお勧めできないというのが私の持論なのである。

このような説明をした後、その代わりという訳でもないが、私は、相談者の弁護士に対する不満の原因がどこにあるのかを聞き出した上、担当弁護士の事件処理に対する疑問点の有無や、なぜそのような処理になるのかを、一緒になって探し出してみることにしている。その上で、相談者が自分の要望や意見を担当弁護士に伝えたり、あるいは、弁護士の考え方や処理の仕方について説明を求める必要があると思われる場合には、その弁護士に対する依頼者の意向の伝え方や、弁護士の考え方を聞き出す方法を、伝授することにしている。

このようなやり方は、時として再度繰り返す必要があったりして、回りくどいことは否定できない。しかし、こうしたセカンドオピニオン的役割で、相談者が遠慮することなく自分の弁護士との連帯を密にし、お互いの信頼関係を維持し構築することができれば、何よりも本人のためであると考えられるからである。

セカンドオピニオンという考え方は大抵の仕事に発生するものであろうが、うまく活用することが大切である。一歩間違えると依頼者と被依頼者との関係を壊すことにもなりかねない危険性を内包していることは、事実であるからである。

市民のために

「司法改革」が叫ばれるようになってから久しい。日弁連が平成二年の定期総会で第一次司法改革宣言を行って以来、司法改革は弁護士会の合言葉のようになったが、その後「司法改革」は最高裁・法務局を含む法曹界のみならず国会においても取り上げられ、従来の機構や組織だけではなく、裁判所の建物やその内部の配置にまで司法改革という言葉が用いられるようになった。

その表現や立場の違いはあれ、司法改革は、日弁連が標榜《ひょうぼう》するように、司法を市民に開かれた身近なものにするためであり、その究極的な目標が「市民のために」あることに異論はないであろう。

市民とは何かという定義づけについては、私はフランス革命の際に歌われ、後に国歌となった、LA MARSEILLAISE の中の CITOYENS と同じと考えたい。英語では CITIZEN となり、国民、人民、公民、市民とも訳せよう。さらにそれは、グローバル化の現代においては他国の人々も包含するものとして考えられるべきであろう。

かつて東京二三区内には一二の地区に簡易裁判所（簡裁）が存在したが、昭和六一（一九八六）年七月、最高裁は「簡裁を利用する当事者にとって、東京における交通網の発達・整備により、各々の簡裁管内の住民にとっても、各簡裁に赴くのと霞ヶ関に赴くのに要する時間に差が見られなくなっている上、現在の簡裁の配置が必ずしも住民に利用しやすいものとは言えない」とし、むしろ「一庁化することによって、速やかな解決を求める住民のニーズに応え、より良い司法サービスを提供することができる」として、一二カ所の簡裁をまとめて霞ヶ関に一庁化することを提案し、東京地方裁判所と東京三弁護士会との間で協議を重ねたことがあった。

私は昭和六一年度東京弁護士会の副会長の一人として、たまたまこの協議に参加していた。

弁護士会側は、「一二カ所の簡裁の一庁化には反対であり、簡裁が『民衆裁判所』、『駆け込み裁判所』を目指して設置された市民の利用のしやすさや手続きの庶民性が重視されるべきであって、特に調停や本人同士の訴訟など気安く利用できることが本来の姿であり、市民にとって日常的な紛争を解決するために訪れる場所としては、霞ヶ関は心理的に遠いものである」と主張した。

要するに、どちらが「市民のために」なのかということが議論の焦点だったのである。

そして、最終的に弁護士会側は、「せめて都内四カ所に簡裁を残し、例えば新宿や渋谷といったターミナル駅の近くに移して民事調停がより利便に行えるように」と提案したが、裁判所は「霞ヶ関の外には墨田簡裁（錦糸町）と北簡裁（王子）のみ残存させるけれども、市民には最も縁のある民事訴訟や調停は原則として霞ヶ関で行う」として譲らなかった。

協議は平行線のまま、各々の最終提案をメモとして併記した形で終了し、簡裁は実質上、霞ヶ関に一庁化された。

そして、簡裁と家庭裁判所が同居する二〇階建のビルが霞ヶ関の司法関係の施設が並ぶ一角に完成したのは、奇《く》しくも私が日弁連の事務総長であった平成六（一九九四）年のことである。新設された東京家庭裁判所の式典に日弁連の土屋会長のお供をして出席した際、所長の挨拶だったと思うが、「最高裁判所においては司法改革の一環としてこの裁判所を開設した」という言葉を、複雑な思いで聴いたことを記憶している。

その後一〇年余を経て、平成一九（二〇〇七）年八月から、民事調停は錦糸町にある東京簡裁墨田庁舎（旧墨田簡裁）に移動して行われることになった。これは、裁判員制度の施行に備えて法廷の増設が必要となったことなどから、東京簡裁の庁舎の一部を空けなければならなくなったためだと聞いている。

しかし、都内全域の調停を錦糸町で行うことの不便さは、誰が見ても明らかである。

そのため、最近、新宿の法律相談センターでの民事調停を「試みる」ことになった。ここでは、新宿区をはじめ隣接する区の区民たちの事件を対象としていることなどから、より便利な場所での調停を望む声に応えざるを得なかったものであろう。

そもそも裁判員制度も、司法改革の重要目標として、日弁連が長い間標榜してきた「法曹一元」が曲がりなりにも実現したものであるが、翻って「市民のために」という議論は、市民の中で十分に行われたと言えるのであろうか。裁判所・法務省はともかく、日弁連が「市民のために」ということを繰り返し強調すると、「弁護士は市民ではないのか」と揶揄《やゆ》されそうではあるが。

リンカーンの言葉を借りるとすれば、「市民の」「市民による」「市民のための」司法改革は、「市民のために」という部分が大義名分となり、「市民の」とか「市民による」観点が希薄になっているような気がするのは、私だけであろうか。

かつて、「栄ちゃんと呼ばれたい」と言った総理大臣がおられた。ちゃんと呼ばれるぐらいに庶民派として親しまれたいという願望を示したかったのであろう。私など、学生の頃呼ばれていた「稲《いな》チャン」の名称は、大学での司法試験の受験仲間に引き継がれ、弁護士となってからも同僚からチャン付けで呼ばれ、後期高齢者となった今でも、仲間内では「稲チャン」である。

ところが、公的な席や、弁護士の同僚であっても不特定多数が集まったりすると、お互いに「先生」と呼び合うのが通例である。依頼者の前で事務所の弁護士同士が「先生」と呼び合う光景は、市民にとってどう映るのであろうか。

チャンと呼ばれても決して軽蔑されることなく、先生なりの多少の敬意を払ってもらえる、そんな「町の弁護士」でありたいものと、後期高齢者ながら考えているのである。

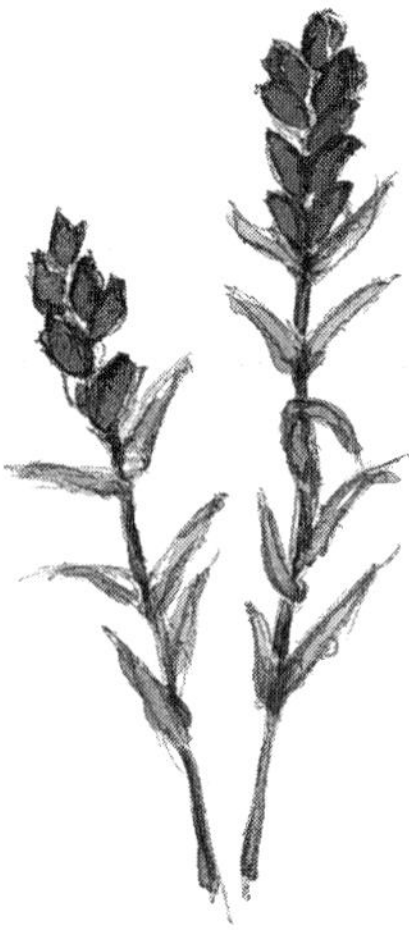

スモン（曙光園《しょこうえん》）の行方

前著『一見落着』で、「スモンに出会って」に登場した全国スモンの会の相良丰光《さがらよしみつ》会長に、私が胃がんの宣告を受けた際、執刀医の紹介をして頂いたことは述べた。

ところがその会長が、平成二〇（二〇〇八）年六月、前立腺がんで入院された。そして入院直後の七月一日、スモン患者のための施設として相良会長を中心に造り上げられた身体障害者施設『曙光園』は、開設二七周年を迎えていた。私は会長夫人から、「入院中の会長に代わって曙光園の職員と入園中の身障者を対象に記念講演を行ってほしい」と依頼され、久しぶりに施設を訪れた。

曙光園設立当初、五〇床のベッドはすべてスモン患者で埋められていたのであるが、スモン訴訟の和解による終結から三〇年の歳月を経て、スモン患者はただ一人となった。患者への補償金等により自宅での療養も可能となったせいもある。そして今、ベッドの大半は他の疾病《しっぺい》や事故などで下肢に障害を負った人たちで占められており、その人たちが車椅子で職員の人たちと共に園の食堂に集まってくれていた。

私は、頭の中を走馬灯のように駆け巡るさまざまな状況を整理することもできないまま、次のようなことを述べるのが精一杯だった。

ご紹介頂きました『社会福祉法人全国スモンの会』の、理事の一人である稲田寛です。

曙光園の開設記念日に当たり、講演の依頼を頂きましたが、これと前後して相良会長が長期入院される状態となり、正直なところ、私としましても少なからず動揺を隠せず、昔会長と一緒になってこの曙光園を立ち上げた前後の状況を、あれやこれやととりとめもなく思い起こしております。

国と製薬会社を相手に起こした裁判を十数年にわたって押し進める一方で、会長は杖を突きながら、ほとんど寝たきりのスモンの患者を九州から北海道まで訪ねられました。私が弁護団の一員として一番多く地方に出向いた年は、年間一〇〇日余りと記憶しておりますから、会長はもっと多く全国を廻っておられたことになります。

私たちは、十年余りに及ぶ長い裁判で得た患者さんの補償金の五％と弁護士の報酬の五％、そして国から和解金として全国スモンの会が受けた補助金をもとに、「自分たちの福祉施設を造り上げる」という理想で一致団結していましたから、曙光園を開設するための何億円という資金はむしろ一番先に目途が立ったのですが、なにしろ、長年被告呼ばわりしてきた国から社会福祉法人の認可を受けることは、決して容易なことではありませんでした。

そのため、私は、当時私が民事事件をお手伝いしていた田中角栄元総理大臣のもとに、会長共々何回となく陳情に行ったりしました。ところが私たちの意気に感じた田中さんが、「よっしゃ」とばかりに厚生省の当時の担当課長を私たちが居るところに呼びつけたりしたものですから、これが裏目に出て、私は厚生省に陳情に出向くたびに、「元総理を動かせるのだから大したものですよ」などと皮肉られたり嫌味を言われたりしたこともありました。

ようやく社会福祉法人の認可を得られた後も、この曙光園の実現のためには、まず敷地を確保しなければなりませんでした。この土地の所有者であった数名の地主さんから土地を譲ってもらうのが、また一苦労でした。

スモンという病気はなかなか理解が困難で、もともと「伝染病」だと言われたこともあったため、「そんな人たちの施設が作られると困る」という疑念を打ち消してもらうため、地主さんに限らず周辺の皆さんに集会場に集まって頂き、医師と弁護士とで何回も説明会を開いて、ようやく土地を売ってもらうことができました。

次に、この建物の建築のための設計図を作成しました。建設には厚生省と東京都両方の許可が必要だったのですが、両方の役所で指導内容が異なり、会長と二人で何回も役所の間を往復し、今ご使用になっている一―二階のスロープの廊下が造り上げられたのも、役所同士の鞘当《さやあ》てを調整した結果の一つだったと記憶しています。

それでも、「スモンの裁判が終わっても、スモン患者の救済が忘れ去られないためにこの福祉施設を造り、患者にとっての理想郷を築くのだ」という会長の想いと、さまざまなご苦労とご努力の結晶でこの曙光園は生まれたのでした。

しかし、相良会長にも小さな誤算がありました。一つは、当初は、この施設のために出資してくれた全国の五〇〇―六〇〇名前後の患者が、一―三カ月交替でリハビリや介護の訓練を受けるため交互に集う予定だったにも拘《かか》わらず、幸いにもスモン裁判の結果はそれまでの公害事件の中でも一番というほどの補償を得られた結果、家族のある人たちは患者を大事にして、その多くはここに入所しなくても過ごすことができたことです。もう一つは、職員の人たちの大半を、スモン患者のうち比較的症状の軽い人たちの中から採用しようとしたことです。しかし、皆さんがご承知のように、職員の皆さんの職務は、軽い症状の患者さんであっても務まるようなものではないということを、比較的早い時期に会長は痛感されたのでした。

それにしましても、開設後長い間、入所者のほとんどがスモン患者で占められてきたことは、こうした開設に至るまでの特異性によるものでしたし、また東京都もこうした設立の経緯を尊重してくれていたからだと考えます。と同時に、私は、なんと言いましても、会長の熱意とカリスマ性によるところが大きかったからだと率直に思っております。

その会長が倒れたのですから、動揺するなという方が無理であり、逆に言えば、それだけ会長の力が大きかったということにほかなりません。

しかし、会長が倒れられた今、私も想い出や感傷に浸っている余裕はありません。むしろ、これを一つの転機に、これからの曙光園はどうあるべきか、どうしてゆくべきか、ということに真剣に取り組まなければならないと思っております。

もとより、会長は入院されているとはいえ、昨年五月の理事会で、会長の長期療養の場合に備え、奥様の相良真紀子さんを会長代行に選任しておりますので、当面、同代行が会長に代わって曙光園の運営を担うことになります。

翻って考えてみますと、曙光園に限らず、こうした施設の経営はどこも決して楽な経営状況にはないのが実状のようです。

その大きな理由の一つは、国や都の福祉予算が削減され、補助金の内容も改められ、要は従来より収入が減額されてしまう一方で、人件費など経費は増大する傾向が一般的だからです。経営が赤字になれば借金をするほかないことになりますが、営利企業と異なり、無暗に借金をすることはできません。こうした状況の中で、相良会長と同じように福祉事業に人一倍の熱意を持つと同時に、「私財を投げ打ってでも福祉事業のために」という人を外部から探してこようとしても、これは無理な注文でしょう。

そうだとすれば、会長を失いかねないピンチをどうやって打開したらよいのでしょうか。私は、最近のテレビ番組でよく見られる、地方の農村あるいは山の中で「自給自足」で暮らしている家族を、一つのモデルにして考えてみてはどうかと思っております。

私立学校などの収入が生徒の授業料と国や自治体の補助金で賄われるように、福祉法人の施設の事業のために必要な収入は、ご承知のように入所されている人たちの負担金と国や都の補助金で成り立っているのですから、全体の収入はもともと決まっているといっても過言ではありません。

また、支出の面でも一番大きいのは職員の皆さんの人件費と入所者の皆さんに掛かる費用ですから、他の経費を切り詰めてみても限度があります。とはいえ、こうした収入と支出を前提にしてやりくりをしていくとすれば、支出面を切り詰める以外考えられないのが現状だということになりましょう。他の力を頼らず、自分たちでやっていくのだとすれば「自給自足」で頑張《がんば》るしかないというのが私の率直な意見です。

また、テレビで見られる「自給自足」の家族では、老いも若きも小さな子供たちも皆、持ち場、持ち場を決めて一生懸命に各々その仕事をこなし、それが一体となって自給自足が成り立っているのだということがよく分かります。例えば、田んぼや畑を耕す人、種や苗を植える人、草むしりをする人、まきを割る人、食事を作る人、どの人が欠けても自給自足は崩れてしまうのではないでしょうか。

これを曙光園の場合に当てはめてみれば、曙光園の自給自足は、まず入所者があってこそで、職員の全員がこの入所者のために各々の持ち場を大切にし、各々の力を発揮することによって、初めて成り立つのだと思います。

そして、すべての皆さんの力を精一杯発揮して頂くためには、各々が各々の立場を理解し、各々の職務を尊重し合うことが大切だと考えます。お互いの仕事を批判し合ったりしてどちらか一方の手が鈍れば、その分全体の力は削《そ》ぎ落とされ「自給自足」体制は直ちにピンチになってしまいます。油断すれば畑にはすぐ雑草が生えてしまうということに、よく似ています。

では一体何のために、「自給自足」をしてまで頑張ってほしいということなのでしょうか。それこそ、私は、この開設記念日に当たって、曙光園を会長を中心として立ち上げた根本の、『患者さんたちを救いたい』、『入所してくる人たちの社会復帰を手助けしたい』という福祉事業に掛ける想いを生かし続けてほしいと願うからであります。

皆さんの努力の結果は、当然のことながら、まず入所者の皆さんに与えられることになりましょうが、同時に職員の皆さんも享受するものであります。それは取りも直さず、必然的に社会に貢献していくことであるということを、私たちは自覚すると共に大いに自負してよいことだと思います。

どんなに苦労して建てた建物でも、毀《こわ》すのは簡単なことです。曙光園を維持し発展させることができるかどうかは、すべて職員の皆さんの双肩に掛かっているのです。

会長の倒れた後の動揺を払拭するためには、皆さんの立場は各々違っても、ともかく会長代行を中心として、自給自足体制を作り上げて園を維持していくのだということを、まず最優先の課題として、皆さん協力し合って頑張って頂きたいと思いますし、私も及ばずながら側面から応援してまいりたいと思っております。

最後になってしまいましたが、静かにお聞き頂いた入所者の皆さんにお礼申し上げますと共に、話が職員の皆さん中心となってしまったことをお詫び致します。しかし、手前味噌のようですが、話の内容は皆さんのためにという思いであったことでご了解頂きたく存じます。

以上で私の話を終わりにさせて頂きます。

ご清聴ありがとうございました。

それからわずか一カ月余りで、相良会長は帰らぬ人となった。ご本人の「スモン疾患の研究に少しでも役立つことができれば」という遺言に基づき、遺体は某大学病院に献体され、一年数カ月後、遺骨となってご遺族のもとに帰られた。

亡き会長に代わり、相良夫人が理事会で新たな会長に選任されたが、折しも障害者自立支援法の本格的な実施を目前にして、障害者に対する国や地方自治体の支援の仕方や内容が異なることを踏まえ、自ずから曙光園のような施設も法律を前提とした変更を余儀なくされることになる。換言するならば、曙光園もまた、相良会長の死が期せずして一時代を画し、さらに新たに生まれ変わるべきことを要請されたのである。

人生の歌・演歌

私は仕事の付き合いから、よくカラオケに行く。当然、下手ながらも歌う。そして選ぶ曲は演歌が多い。というより、よく利用する店の機器にある曲のほとんどが演歌のため、必然的に演歌となってしまうのである。演歌は艶歌と表現されたり、流行歌や歌謡曲と呼ばれたりもする。時代が変わり、各々の時代を反映した歌詞が盛り込まれても、ごく一般的な日本人の心の底に流れる演歌の調べは変わらないのではないか。歳を取るにつれ、それは日本人の血のような気さえしているのは私だけであろうか。

そして、演歌に限らず誰にも年代年代に応じて忘れられない歌があり、時折、口ずさんでいるのではないか。

カラオケでそんな感慨に浸る時、よく思い出すことがある。

私は、小学校二年生の終わり頃に太平洋戦争が激しくなり、東京が空襲を受けるのに備えて、父母の郷里であった新潟県の古志郡栃尾町（後に栃尾市▼現長岡市）の郊外に疎開した。そしてなぜかその頃の村祭りなどで演じられた股旅物の演歌による踊りだけが、幼い記憶として残っている。

四年生で終戦を迎え、それまで盛んに唄われていた軍歌に替わり、次第に歌謡曲全盛の時代に移っていく。

六年生の頃には、ＮＨＫのラジオ番組で毎週日曜の夜だったと思うが、『今週の明星』というタイトルで、当時流行していた歌が繰り返し放送された。時代を反映して田端義夫の『別れ船』、『帰り船』といった曲がベストテンに並んでおり、私は童謡や唱歌よりこれらの流行歌に夢中だった。雪国での夜は七時過ぎには布団に入るのが普通であったが、子供なりに気を遣いながら、布団の中で田端義夫の独特の節回しを真似てみたりしたものである。

父が戦争で負傷して帰還したことや、また東京の下町にあった住宅を空襲で失ったこともあって、私たちの家族が東京に戻ることができたのは、私が新制中学を卒業するのと同時だった。新潟と福島県境の山並みに近いこの町では、中学を卒業するとすぐ就職する生徒が、未だ少なくない時代だった。織物工場が中心だった当時の栃尾町で地元に就職できるのは、どちらかというと家業を継ぐ子供たちばかりで、他は町を離れて就職するほかはなく、多くはさまざまな縁故を頼って上京したのである。

私の故郷ともいうべき栃尾は、長岡からの電車が発着し、東に守門の山並みが朝な夕な輝き、あちこちから織機の音が聞こえてくる、静かな穏やかな町であった。祝い事などで食事につく名物の大きな油揚げはご馳走であった。

卒業間近となった中学三年生の三学期に入ると、臨時教員として赴任していた音楽担当の教師が、就職先での宴会などで歌を唄《うた》えと言われた時に唱歌だけでは肩身が狭かろうと、当時「ラジオ歌謡」と呼ばれていた『あざみの歌（伊藤久夫）』や『白い花の咲く頃（岡本敦郎）』などの歌を、授業中にオルガンで教えてくれた。近くの山村の小学校の校長を務めたこともあったというが、私たちからすれば白髪のお爺さんだったからこそ、このような人情味のある授業ができたのかもしれない。

私は声変わりをしたばかりで声を張り上げるのが苦しかったが、これらはやがて好きな歌となった。そのおかげで、上京後しばらくは、この二曲が私の「十八番」となった。中学時代の友人たちも上京して就職したとはいえ、まだ多感な年頃であり、感傷的になりがちな年代にはぴったりな叙情歌だったと言っていい。

少し本題から離れるが、前述のように弁護士としての職業冥利に尽きる点の一つは、仕事を通じてさまざまな人たちと出会えることである。そして私が仕事の上でお付き合いできた中で最も印象に残っている方の一人が、元総理大臣であった田中角栄氏であった（私の知る田中氏のエピソードについては、拙著『一見落着』に「私の垣間見た元宰相田中角栄氏」として書かせて頂いた）。前述の通り、私の両親が新潟出身で、私も戦時中疎開をしていた栃尾が田中さんの選挙地盤に含まれていたこともあってか、新潟出身の田中さんには何かと目を掛けて頂いた。

そんな田中さんとカラオケでご一緒する機会があり、あのダミ声ならぬ澄んだ声で見事に唄われたのは、霧島昇の『誰か故郷を思わざる』であった。なぜこの歌が愛唱歌なのかと伺ってみたいと思ったが、その機会を失した。

『社会福祉法人全国スモンの会』の会長相良丰光《さがらよしみつ》さんは、私が胃がんの宣告を受け手術を受けた際には親身になって私の世話を焼いてくれたが、当時、相良さんご自身が前立腺がんで治療を受けておられた。

熊本県出身の相良さんは（地元で教員を務めておられた）、昭和二八年頃、奥さん共々上京される。しかし、相良さんがスモンに罹患《りかん》し、自らスモン患者の救済のために全国スモンの会を結成し、スモン訴訟に明け暮れ、あるいは全国の患者のもとを訪ね歩く最中、奥さんはがんに罹《かか》りその生涯を閉じられる。スモン訴訟がようやく終了し、相良さんによって『社会福祉法人全国スモンの会』が立ち上げられ、『曙光園《しょこうえん》』が完成した後、スモンの会の理解者でもあった医師の紹介で現在の奥さんと知り合い、再婚した。

二年前の春頃、『曙光園』での職員の慰労会の席であったか、私がかつて入園者の人たちのためにと持ち込んだカラオケセットで『人生の並木道』を唄ったことがある。

その後、私が、定期検診のため病院を訪れ、やはりがんの放射線治療のため同じ病院に通院していた相良さんと行き会った際、相良さんは私に、

「『人生の並木道』は私の好きな歌で、亡くなった妻と上京した前後によく唄った歌でしたが、再婚した女房に対するせめてもの気持ちとして、この歌を封印してきたんですよ」

と語られた。私は、

「そんなことにこだわらないで、好きな歌は奥さんに打ち明けて思いっきり唄った方が、奥さんも納得してくれると思いますよ」

と言ったが、彼はそのことには触れず、

「私のがんは、『あと一年』といわれているんです」

とぽつりと言われ、そして、

「あなたに『人生の並木道』を聞いて頂く機会を必ず作りたいのです」

と付け加えられた。私は体に電流のようなものが走り、その場でどのような慰めと励ましの言葉を伝えたか、今も思い出せない。

それから間もなく、相良さんは入院して治療を受けることになったが、もはや腰部などのがんによる痛みを和らげることさえできなくなり、やがて彼自身ホスピスへの転院を要望し、奥さんの実家が近くにあるという弘前の病院に転院していった。医師に付き添われ専用車で転院するのを見送った際、彼は、

「女房に話して、『人生の並木道』を唄うことの了解を得ましたから」

と私に告げた。私は、

「暑い盛りが過ぎたら必ずお見舞いに行きますから、ゆっくり静養されて、そのとき聴かせてください」

と言って別れた。

一カ月ぐらいして、転院先の病床から私の事務所に、突然相良さんから電話が入った。

「看護のため付き添っていた女房の母親に頼んで、『人生の並木道』の歌詞を写してもらったので、約束通りこれから唄います」

と言い、携帯電話の向こうから、途切れ途切れながらも『人生の並木道』が伝わってきた。

折しも来客中であった。打ち合わせを中断して受話器を耳に当てたまま無言で聴き続ける私の顔を客は不思議そうに見つめていたが、歌は四番まで続けられた。電話が切れてから、私は客に事の顚末《てんまつ》をお話しして謝った。客は絶句して、やがて深く頭を下げられた。

それから数日後、仕事中に事務所の電話が鳴り、奥さんから相良さんの死を告げられたのだった。

相良さんの愛された施設『曙光園』の名前のいわれは、『人生の並木道』の歌詞の一節にある「曙《あけぼの》」をイメージしたものではないかといわれていたが、もはや確かめるすべも無い。

「歌は世につれ、世は歌につれ」という言葉があるが、「人生に歌あり、歌に人生あり」と言い替えることもできるのではないであろうか。

宰相田中角栄さんのこと、相良さんのこと……その他大勢の方々との歌を通しての話は尽きることがない。私は、演歌を含め、歌は人生の大切なレシピの一つであると言いたいのである。

私の日弁連事務総長物語

日本弁護士連合会

哀悼

この文の校訂を土屋公献元日本弁護士会会長にお願いし、いろいろなご意見や修正が書き込まれたものを頂いた。ところが、平成二一（二〇〇九）年九月二五日、突然の訃報に接し、愕然《がくぜん》とした。以下の文は、土屋元会長のほぼ最後のご遺稿にも当たるものと考え、ご指示頂いた修正を含め、原文をそのまま表示した。

あまたの精力的な活動をされ一時代を画した先達を失い、巨星墜つの感がひとしおである。

謹んで哀悼の意を表する。

事務総長に就任　……　四月

私は平成六（一九九四）年四月一日、思いがけず日本弁護士連合会（日弁連）の土屋公献会長の下で事務総長に就任することとなった。

日弁連の事務総長は理事会の議を経て会長が任命するものとされているが、基本的には会長が任命しており、従来会長が所属している弁護士会からの選出が多かった。しかし、日弁連会長が全国の弁護士による直接選挙によって選出されるようになると、選挙を応援してくれる他の弁護士会や選挙母体となったグループの推薦を受けて選任されるケースが多くなった。ことに、大阪や神戸などから会長が就任する場合には、東京三弁護士会、特に東京弁護士会（東弁）の中から選任されることが多かった。全国区の選挙ともなれば、東京、中でも最多の会員を擁する東弁の組織力を無視できなかったし、また会長就任後の会務運営に協力できる人物とか最高裁との関連においても、すぐそばにしかるべき人物がいる必要等があったからでもあろう（自分のことではなく一般論である）。

ところで、土屋会長は第二東京弁護士会（二弁）の所属であり、私は東弁の会員であった上、年齢も土屋会長が私より一回りも上だったこともあって、これまで弁護士会の会務等を一緒に行うということはなかった。ただ、二人とも練馬区内に居住し、区の主催する無料法律相談を担当する練馬法律相談クラブのメンバーであったところから、私は「土屋先生が日弁連会長に出馬する」という話を聞いた懇親会の席上で、応援団よろしく音頭を取って激励の拍手を送った。まさか会長当選の暁に私が事務総長に就任するなどとは夢にも思っていなかったからである。ちなみに、このクラブの懇親会は地元の小料理屋の座敷などで行われていたが、土屋会長は哥沢《うたざわ》の名人のみならずアテブリの名手で、私が『函館の女《ひと》』を歌うと、土屋会長が振りをつけて踊り仲間の喝采を受けたものである。もっとも、選挙戦に臨む席上で二人のコンビ振りを披露したかどうかの記憶は定かでない。

ところで、この日弁連会長選挙では、なんと、よりによって二弁の、しかも同じ派閥の中から対立候補が出馬し、激しい選挙戦の結果、土屋日弁連会長が誕生したのであるが、このような状況のもとでは、二弁から事務総長を選任することは難しいということになり、回り回って私が任命されることになったのであった。したがって、土屋選挙母体での私の就任内定の挨拶では、いろいろ慮《おもんぱか》って「同じ練馬のメンバーです」というほかなかったのである。

事務総長就任の日、日弁連に新規登録された弁護士（司法研修所四六期生四〇三名）に対し、私は日弁連新聞に「初心を忘れることなく日弁連活性化の原動力に」との見出しで、日弁連では市民に身近で利用しやすい司法を目指し、市民と共に改革運動を推進しております。この司法改革は必然的に弁護士自身の改革を求めるものでもあります。皆さんの何より新鮮な市民感覚に基づく積極的な発言が、日弁連の活動を一層活性化し発展させる原動力となることを心から期待しております。

と呼びかけている。

ここで事務総長というものの職務について触れてみると、日弁連会則によれば「会長の旨を受けて本会の事務を掌理し、事務局の職員を指揮監督する」とされ、また、会計規則に「本会の予算執行に関する会計事務責任者は事務総長とする」と定められているに過ぎない。文字通り、本来は事務職員の責任者の立場にあり、会計事務責任者というのも、そのうちの一つの帰結である。しかし、実際に行っている業務を概観すると、事務局の内部や経理に関する職務は、全体の二割にも満たない。前任の事務総長より引き継ぐ際には、五三項目もの職務について説明を受けた。しかし、私が二年後、後任に事務を引き継ぐ時にはなんと、小見出しで八〇項目にまでなっていたのである。

これを大まかにみると、まず、会長をはじめ副会長、理事などの執行機関の執務については、すべてにかかわって補佐を務めると言っても過言ではない。また、日弁連主催の行事にはすべて参加する訳だが、単に参加するだけではなく、その準備にも携わる必要がある。その上、高等裁判所の管轄に合わせて区分けされた、全国八カ所の弁護士会ブロックの大会に必ず参加し、日弁連の会務報告を行うのも総長の役目の一つであるし、人権大会などの司会も総長が務める。さらに、最高裁・法務省を始め対外的な儀礼や交流の会合に会長が出席する場には、総長が伴をするのが通例である。時折、日弁連を訪れる海外法曹関係者の応対、会務の説明、会食などの主催、定例的な海外での会議への参加などもある。マスコミに対する広報や対応も総長室が中心になるし、国会対策なども同様である。

さらに、総長であることによって当然のように兼務する役職として、内部的には法律扶助協会や交通事故センター、弁護士国民年金基金などの理事、外部的には司法試験管理委員、法制審議会幹事、副検事・特任検事選考委員、東京家裁会議員などが割当てられ、また私が就任後に設けられた法務省における法律扶助制度研究会や、当番弁護士制度協議会の委員なども含まれている。

本来の事務局の職務では、例えば職員の採用や勤務評価、職員旅行などにも参加するが、平成七年の職員採用試験など、一名募集のところになんと七〇〇名前後の応募者があるといった具合で、結構時間を取られる。その上、どこが担当か定かでないものはまず総長室に回されてくるので、これを交通整理するのも総長の役目となる。また、日弁連のいろいろな委員会のメンバーや全国からの会員が、さまざまな提言や意見を持って総長室を訪れてくるので、この対応にも追われることになる。

私がこうした多忙さを実感するのはしばらく先のことではあったが、土屋会長の下での二年間は、これらに加えさまざまな事件や事態が発生し、未熟な私にとって想定もしなかった状況に翻弄《ほんろう》されていく。

土屋会長は、就任挨拶で土屋執行部の当面の懸案事項として、司法改革問題、司法試験改革問題、法律扶助制度問題、会館建設問題、坂本弁護士問題などを挙げたが、その大半の課題は予想を超えた方向へと展開していくこととなるのである。

坂本弁護士宅訪問　……………………………… 平成六（一九九四）年四月

平成六（一九九四）年四月一四日、土屋会長を始めとする執行部は、就任早々、坂本堤《つつみ》弁護士が何者かによって拉致《らち》された横浜市内の自宅現場を訪問調査し、神奈川県警に捜査強化を求めた。その際、坂本弁護士の所属する横浜弁護士会の横溝正子会長や副会長らに現地の案内をお願いし説明を受けたが、その中に妻の大学同期生（本田副会長）が含まれていたのも奇遇であった。

坂本弁護士が妻郁子さん、長男龍彦ちゃんと共に平成元（一九八九）年一一月行方不明になって以来、五年目を迎えていた。この間、日弁連や横浜弁護士会はじめ全国の各弁護士会のみならず、さまざまな団体やグループが「事件を風化させるな」、「坂本一家の無事救出」を合言葉にいろいろな活動を展開していた。平成四（一九九二）年五月には、当時の日弁連会長・阿部三郎執行部が広島で開催された日弁連総会で「坂本弁護士一家救出に関する決議」を採択、翌平成五年一月には、その活動資金に充てるため「坂本弁護士救出特別基金」を創設し、日弁連の最重要課題の一つとして取り組んできた。土屋執行部もこれを受け継ぎ、その決意を表明するための現場調査であった。

坂本弁護士がオウム真理教の被害者の救済活動や教団を糾弾する活動を行っていたところから、事件発生直後から、「オウム真理教が関与しているのではないか」と取り沙汰されてはいた。そして私たちが案内された住居内でオウム真理教の教団のバッジが落ちていた場所などの調査を終え、土屋会長はオウム真理教の関与を確信したのであろう。現場に詰めかけていた新聞記者との会見で、日弁連の会長に就任した旨の挨拶をした後、「この現場を見て、坂本弁護士一家はオウム真理教の関係者によって拉致されたと考えざるを得ない」と発言したのである。

あっ、という間のこの発言に、驚いたのは同行していた副会長たちであった。噂《うわさ》されていたといっても、捜査機関による捜査が継続されている最中であり、これから所轄の神奈川県警に迅速な捜査を要請しに出向こうという矢先である。私は慌てて新聞記者の一人ひとりと名刺を交換しながら、「今の発言部分を記事にしないでほしい」とお願いして廻る羽目となった。記者団としても、いかに会長の発言とはいえ、この段階で「オウム真理教の関与」などと報道することはさすがになかったが、その日の夕刊を見るまで気が気ではなかった。

アジア弁護士会会長会議とカラオケ……平成六（一九九四）年五月

アジア地域の弁護士会会長が、互いの司法制度・弁護士の紹介や情報交換によって理解を深めると共に相互の親睦を図ることを目的として、アジアの七地域弁護士会の出席を得て、第一回アジア弁護士会会長会議が平成二（一九九〇）年に日弁連の主催で開催された。平成六（一九九四）年はその第五回目として五月一二日に香港で開催され、私も、土屋会長、小野担当副会長、西村国際交流委員会委員長の随伴として参加した。

この年度のテーマは弁護士研修、業務推進、法律業務の国際化が挙げられ、九カ国の弁護士会と、オブザーバーとして五つの弁護士会・法律家団体が参加して討議が行われた。予備会議の席上では、土屋会長が日弁連の活動を報告すると共に、当時の法務大臣の南京虐殺等に関する発言について遺憾の意を表したことが、各国から好意的に受け止められた。

夕刻から香港の弁護士の人たちによる歓迎の懇親会が催されたが、香港でも日本流のカラオケが普及しており、英語での会話には引っ込み思案だった私も舞台に引っ張り出された。やむなく（？）歌った日本語の『上を向いて歩こう』は意外と好評で、「エンターテイナー！」というヤジが飛んだ。彼の地のカラオケでは、英語の題名『Ｓｕｋｉｙａｋｉ』で流布していたように思う。西村委員長から「英語での討議に参加できなくても、国際交流の成果が上げられましたね」との評価を受けたが、いやはや複雑な心境だった。

土屋会長、会務執行方針表明……………………………………五月

平成六（一九九四）年五月二七日、年一回開催される日弁連定期総会（第四五回）が大阪で開催され、冒頭、次のような平成六年度会務執行方針が会長より表明された。

第一に、人権に国境はない。「国の内外のあらゆる人権問題を自国のみの利益や基準で判断することなく、人間の尊厳を確立する」という国際的・普遍的原理に基づいて誠実に対処していく。

第二に、司法改革運動のさらなる発展を目指し、人間の尊厳を確立するためには、国民に開かれ、社会的に弱い立場にいる人にも役に立つ司法が不可欠である。このような司法の実現を目指すのが司法改革推進運動である。本年度は、これまで日弁連が行ってきた司

法改革推進運動の成果を踏まえ、さらに充実・発展させていきたい。

第三に、坂本弁護士一家に対する事件は、弁護士の人権活動に対する集団・組織による悪質な挑戦でもある。日弁連は、何としても一家の無事救出に向けて、今後も粘り強い活動を継続していかなければならない。

第四に、日弁連自体の機構改革について。前阿部執行部は、八年ぶりに機構改革委員会に諮問した。これは、日弁連の活動が拡大したことに伴って、組織相互間の重複、事務量の増大、会財政の負担増という問題が発生、今後の効率的な活動のためには、現時点で日弁連の機構を見直すことが不可欠となっているからである。土屋執行部も認識は同じであり、できるところから機構改革を行っていく。

そして、第五として、当番弁護士制度、法曹養成と司法試験改革、法律扶助制度改革、民訴法改正、拘禁二法案阻止、外国法事務弁護士関係会則会規の整備、会館建設、一般会費の諸問題など、前執行部から引き継いだ重要課題に対処していく、とした。

その上で、前年度決算の承認と共に土屋執行部の初年度予算が成立したが、同時に日弁連としての第三次「司法改革に関する宣言」を採択した。

この宣言で、日弁連は「市民に分かりやすく利用しやすい裁判を受ける権利を真に保障するためには、司法の容量を拡大する必要がある」とし、その具体的目標の一つとして

「全国どこでも身近に弁護士や裁判所が存在し、適切で迅速な権利の実現に助力してくれる体制を整備しなければならない」と提唱した。

北海道弁護士連合会で……平成六（一九九四）年七月

平成六（一九九四）年七月二八日、旭川で開催された北海道弁護士連合会に、土屋執行部全員が集結した。

日弁連は前述のように全国八ブロック（高等裁判所管内に対応している）から成り、各ブロックはその管内の単位弁護士会によって構成されている。そして毎年五月頃から一一月頃に掛けて各ブロックで行われる大会に日弁連会長ら執行部が参加し、全国の会員に執行部の活動方針の徹底や活動内容を報告する一方、会員の要望や意見を収集する機会にもなっている。この年度も五月の東北弁護士連合会を皮切りに、夏は北海道という慣例に従っての大会であった。

どこのブロック大会でもほぼ同様であるが、まず大会の会場内で地元の新聞記者たちに集まってもらって、日弁連活動をＰＲする機会を設ける。始めに会長の挨拶。次に、事務総長から日弁連が取り組んでいる課題や活動状況について一通り説明し、質疑応答を行うのが習わしであった。また、本番では、事務総長が大会用に事務局で用意した会務報告書の要点をまとめた会務報告を行ったが、土屋執行部が誕生して間もない時期では特に執行部の方針を代弁し、これに基づく年間スケジュールや見通しについて述べることが中心だった。

余談になるが、この年九月三〇日には札幌で「市民と司法改革」と題する司法シンポジウムが開催され、再度北海道を訪れている。七月と九月のいずれだったであろうか。夕刻からの懇親会で北海の味覚を堪能しての帰途のこと、会長と最寄りのタクシー乗場で、他の客もいないまま車を待っていた。なかなか空車が来なかったところに、ズボンのポケットに両手を突っ込んだ若者がふらふら歩いてきて、二人の前に割り込むように立った。

会長はしばらく無言であったが、待ちくたびれていたこともあって私は聞こえよがしに「会長どうしましょうか」と後ろから声を掛けた。すると会長が、「総長に任せる」と答えたのである。

恐らく「会長」とか「総長」とか呼び合ったのが、暴力団の幹部と誤解されたのであろう。途端に若者は脱兎のごとく走り去った。一瞬、仲間を連れて仕返しにでも来られてはと思ったが、ちょうどタクシーが到着したため、私はいささか慌てて会長を車に押し込むようにして乗り込んだ。

この話は後に尾ひれがたくさん付いた武勇伝やエピソードに化けたが、まだこの頃は、執行部の一員としても冗談を言えるゆとりがあったということでもある。

司法試験等の改革案策定……………………………平成六（一九九四）年八月

執行部は「司法試験・法曹養成制度の抜本的改革案大綱（案）」を策定し、平成六（一九九四）年八月二九日、理事会に上程した。

司法試験の改革問題については、昭和六三（一九八八）年三月まで遡《さかのぼ》ることになる。法務大臣の下にあった「法曹基本問題懇談会」は、司法試験の受験の長期化や若年層の合格率の低下によって司法試験離れが起きているので、当面の改革として、合格者の増加、回数制限、大学推薦等の方法を提唱していた。そして、これを受けた法務省は、最高裁、日弁連との「法曹三者協議会」に、「司法試験制度改革問題」を提起した。昭和六一、六二年当時の修習修了者は四五〇名前後であったが、検察官の任官者は三五名前後と極端に減少しており、法務省としてはその打開を図ることが急務だったのである。

そして、法務省は平成元（一九八九）年一一月、甲乙丙の三つの方策を盛った「司法試験制度改革の基本構想」を提案した。いずれも合格者の若年化を図るものであるが、甲案は受験資格を五年以内に制限するもの、乙案は合格者の八割以上を五年以内の受験者からとし、残りの合格者を六年以上の受験者から採るとするもの、丙案は合格者の七割は受験回数に拘《かか》わらず決定し、三割を三年以内の受験者に限るとしたものであった。

日弁連は、「検察官不足の原因は司法試験の現状とは無関係である」として、どの案にも反対したが、受験生が滞留している現状から、当面合格者を七〇〇名に増加させると共に、司法試験の運用改善と抜本的改革のために、法曹養成制度協議会を設けることを提案した。しかし法務省は、「日弁連の単純増員案は現状を悪化させるだけである」とし、その後は丙案に焦点を絞り、「日弁連が反対の立場を変えなければ独自に対応する」などと強硬な姿勢を示した。そのため、日弁連では丙案に反対の意見が大勢であったものの、三者協議が決裂した場合には裁判官、検察官志望者と弁護士志望者を分離する、いわゆる「分離修習」を招くおそれもあり、丙案も止むを得ないとする意見も浮上した。そこで、当時の日弁連執行部は、平成二（一九九〇）年七月、会内意見の一致を諮《はか》ると共に「丙案の導入を極力回避したい」という基本姿勢のもとに、次のような日弁連案を三者協議会に提案した。

一、平成四年度から合格者を七〇〇名程度に増加させ、同時に試験の運用改善を行う。

二、五年経過後に検証を行い、受験回数、年齢などに改善が見られた時は丙案を実施しない。

そして三者協議会ではこの日弁連案を基に、合格者増加の時期と人数、五年後（平成七年）の検証の数値などについて協議を重ね、平成二年一〇月一六日、以下のような「基本的合意」を成立させた。
一、今後の法曹養成制度等の改革のための協議会（法曹養成制度等改革協議会・略して改革協）を設置する。
二、当面の合格者を平成三（一九九一）年から六〇〇名程度、平成五年から七〇〇名程度に増加させる。
三、平成三年から平成七年までの五年間を検証期間とし、平成七年の試験結果により若年者（受験回数による）の合格比率が検証基準（初回受験から三年以内の合格者三〇％以上または五年以内の合格者六〇％以上）を上回った時には「丙案」を実施せず、検証基準を下回る場合には丙案を実施する。
四、また、改革協において、「司法試験・法曹養成制度についての抜本的改革案」が定められた場合には丙案を実施しない。
この基本的合意に基づく改革協は平成三年六月に設置され、論議を重ねていたが、合意で定めた司法試験合格者の増員は順調に実施されていたものの、平成七（一九九五）年の試験終了後の検証時において、あらかじめ定められた検証基準に達する見込みは立たない状況だった。従って、平成八年以降の丙案の実施を回避するためには、改革協において

「丙案」に代わる「抜本的改革案」を作成し、合意を得る以外にはなかったのである。

「これまで、法曹資格についての試験制度は常に統一・公正・平等の理念をもって貫かれてきたものであり、法曹の根幹にかかわる司法試験制度についてこの伝統を棄てるおそれのある丙案導入は、何としても避けなければならない」、というのが日弁連内の大方の意見であった。しかし、三年にわたる協議にも拘わらず、改革協において抜本的改革案は検討されず、日弁連においても改革案についての取りまとめは行われていない状況にあった。しかも、遅くとも平成六年九月までに抜本的改革についての日弁連案を策定して、改革協に提案しなければ、間に合わないという状況に追い込まれていたのである。

そこで、土屋執行部は就任早々から丙案導入回避のため「抜本的改革案」についての会内合意を取り付けるため、理事全員及び関連委員会に対し「抜本的改革案」に関する意見を平成六（一九九四）年七月一五日までに提出するように諮問した。そして、執行部は七月一五日に開催された理事会において提出された意見書を配布し、さらに意見を求めた上で、これらの意見や各弁護士会及び関連委員会の意見及び改革協における協議の内容等を総合的に取りまとめ、「司法試験・法曹養成制度の抜本的改革案大綱（案）」として、八月二九日の臨時理事会に提案したのである。

その上で、執行部によってさらに訂正された改革案大綱が、九月一四日の理事会において承認可決された。その骨子は、第一に、現行の司法試験・法曹養成制度の統一・公平・平等原則の堅持（そのための丙案実施の回避）であり、第二に、日弁連が提唱する司法改革の実現のため、法曹人口の増員と並行して司法全般にわたる改革が行われるべきである、とするものであった。そして、司法試験の合格者数については、司法の充実と容量拡大のために、裁判官・検察官の増員と共に弁護士人口も増加すべきであり、そのためには合格者数を相当数増員すべきものとしていた。

理事会では丙案回避については一致したものの、弁護士人口の増員については「司法改革の進捗状況を見定めた上でなければ増加すべきでない」という反対意見が出され、また、「増員の『相当数』が不明確であり、執行部の一存で増員数を決められるのではないか」という意見もあった。そのため、土屋会長は「この改革案大綱の目的は、改革協における抜本的改革案立案のため、日弁連選出委員にとっての基本指針を明らかにするものであり、抜本的改革案を具体的に策定するに当たり、司法試験合格者数について日弁連の意見を取りまとめる場合には、あらかじめ理事会に諮《はか》る」との会長「見解」を発表して、大綱の承認にこぎ着けたのであった。

この「見解」は、従来の司法試験七〇〇名の合格者をどの程度増員すべきかについては未だ流動的であり、改革協において日弁連の基本姿勢に基づき意見を取りまとめてもらうには、『この時点で具体的な数字を挙げれば議論の硬直化を招き、抜本的改革案がまとまりにくくなるのではないか』。したがって、日弁連も司法改革のため法曹人口を増やすことにやぶさかではないが、具体的な増員数については『改革協での論議を踏まえ、改めて理事会や総会に諮って決定しよう』、という会長の真意に基づくものであった。

この「大綱（案）」は理事会で多数の承認を得たものの、反対派は軌を一にして、法曹人口の増員に耐えうる基盤整備が先決であり、「司法改革の進捗度に応じて必要とする法曹人口を増員する」との決議を求め、臨時総会の招集を請求するに至ったのである。そのため執行部は、やむなくこの臨時総会請求に併せ、「大綱（案）」に基づく議案を提出して、同年一二月二一日に臨時総会を開催することとした。

人権大会が開催される……平成六（一九九四）年一〇月

平成六（一九九四）年度第三七回人権大会が一〇月二〇・二一日に山形市において開催され、三分科会によるシンポジウム「警察活動と市民の人権」、「いま、蛇口の向こうで何が起きているか」、「カード社会を考える」の討論の結果を踏まえ、

「警察活動と市民の人権に関する宣言」

「清浄な飲料水を享受するための決議」

「多重債務者の救済制度の整備・拡充を求める決議」が採択された。

大会前夜、一二月に予定されている、いわゆる法曹人口を巡る臨時総会に備え、全国会員の有志が集まっての懇談会（有志懇）が開催されたが、総会議案の執行部派と少数請求派との意見の対立は激しく、その溝を埋めることは極めて困難との感を深くした。

法律扶助制度研究会の再開 ………………………… 同年一一月

平成六（一九九四）年一一月七日、法務省において「法律扶助制度研究会」が開催された。

日弁連では阿部三郎前会長の下、平成五年五月の総会で「法律扶助制度の抜本的改革に全力で取り組む」旨の決議を行い、同年七月法律扶助制度改革推進本部を設置し、国会議員等への要請活動などを積極的に展開していた。他方、平成二年に発足した当番弁護士制度は、同四年一〇月には全国単位弁護士会で実施されるに至ったものの、その一方で法律扶助協会の刑事被疑者弁護人援助制度は財政を圧迫していた。そこで、日弁連では、法務省に対し被疑者国選弁護制度の実現を目指し、意見交換会を申し入れ、法務省との間で当番弁護士制度実務交換会が設置されていた。

このような状況下で、政府は平成六年二月、閣議で「法律扶助制度の一層の充実・発展を図るための調査、研究のための予算」措置を決定、法務省は日弁連との間に「法律扶助制度研究会（仮称）」を設置することになった。第一回の会合は阿部執行部の下で同年二月に開催されており、第二回の会合（同年六月）からは土屋執行部がこれを引き継ぐこととなった。

日弁連では一貫して、研究会での検討対象として「刑事被疑者の弁護」をも入れるべきであると主張したが、法務省は、研究会が対象とする法律扶助事業の範囲は従来通り「民事関係に限って行われることが前提である」として譲らなかった。

ところで、これらのやりとりの事務的な接渉は、法務省で新たに設けられた総務審議官が中心となり、日弁連では事務総長が窓口となって日弁連の対策本部や法律扶助協会がまとめた見解を踏まえ、法務省に出向いていた。

こうした中で、「どうしても『刑事被疑者の弁護』が研究会の中に含められないのであれば、被疑者弁護についての調査・研究もこの研究会と平行して行っていくことが考えられないか」という日弁連側の質問を受けた形で、法務省は、同年七月、「今回の法律扶助制度研究会の目的は民事法律扶助についての調査である」としながらも、他方「現在開催されている当番弁護士制度実務協議会における議論を活発にし、刑事被疑者弁護態勢・活動についての共通の認識を深めるよう努める」という法務省・日弁連及び財団法人法律扶助協会三者の合意書（議事録）（案）を提示するに至った。法務省によれば、その理由として、①民事扶助については昭和六三（一九八八）年以来法務省と日弁連・扶助協会との間で勉強会が行われてきており、共通の認識があるが、刑事について、ことに当番弁護士については共通認識が未だ形成されていないこと、②犯罪者の弁護に公費を使うことについて国民的理解が得られていないこと、また、③被疑者弁護を「扶助」にするのか「国選」にするのかについて法務省内部でも全く検討されていないこと、等を挙げていた。

対策本部としても、この法務省案に乗って研究会に臨むのは止むを得ないということであったため、執行部は三回にわたる理事会を開催してその承認を得た。土屋会長はその際、当面の法律扶助制度研究会に臨むに当たって、

一、今後も総合的法律扶助制度実現の旗を高く掲げて進んでいく。

二、刑事被疑者弁護費用の公的援助に向けて、さらなる努力を傾注する。

三、全国各地で財政的危機に直面している当番弁護士制度を、日弁連あげて充実発展させていく。

という意見を表明した。

外国弁護士問題と拘禁二法案を巡って……平成六（一九九四）年一一月

一一月二二日、日弁連は臨時総会を開催し、外国弁護士による法律事務の取扱いに関する特別措置法（外弁法）改正に伴う会則・会規の改正、拘禁二法案の四度目の提出に反対する決議を行った。会則・会規の改正は六月二九日に外弁法の一部が改正・公布されたことに基づくものである。

外国法事務弁護士の活動に関する規制緩和問題については、平成元（一九八九）年以来、日弁連の懸案事項の一つであった。我が国の弁護士の独立性を確保しつつ、国際的協調を図る観点から、日弁連は平成五（一九九三）年の臨時総会で定めた「外国法事務弁護士制度の改革に関する基本方針」に基づき法務省と協議を重ねた結果、日弁連の意見を実質的に踏まえた改正であった。そこで日弁連としては、この外弁法に沿って会則・会規の改正などの整備を要することになり、本日の臨時総会の運びとなったものである。

また、法務省所管の刑事施設法案と警察庁所管の留置施設法案を柱とするいわゆる拘禁二法案は、平成三（一九九一）年四月に国会に再々提出されたものの、審議未了のまま同年六月の衆議院解散により三度廃案となっていたが、法務省・警察庁では次期通常国会に四度目の提出を試みる動きが強められていた。一方、社会党を中心とする連立与党が誕生し、従来、同法案の成立に反対の立場を堅持してきた野党が政権を担う立場になったことにより法案の審議に入ることが危惧《きぐ》されるところから、この日の総会において「拘禁二法案の四度目の提出に反対する決議」を行ったのである。「政府が三回にわたる廃案の重みとこれら内外の批判を厳粛に受け止めるならば、同法案の国会提出を断念し、監獄法改正作業の根本からのやり直しに向け、法制審議会に再度諮問するしかない」とし、「当連合会提唱の『刑事被拘禁者の処遇に関する法律案』の実現を期す」とするものであった。

また、臨時総会終了後、直ちに出席者全員による「綱紀問題に関する全国会員集会」を開催し、弁護士による不祥事が平成六（一九九四）年九月頃より相次いだことを受け、綱紀・懲戒手続の一層の厳正・迅速性を図ると共に不祥事再発防止に努力する旨の決議を採択した。

衆議院法務委員会に出席 ……………… 同年一一月

平成六（一九九四）年九月から一〇月にかけ、東京弁護士会所属の弁護士が不祥事により逮捕されたり告発されたりという事態が生じ、新聞報道等が相次いだ。いわゆるバブルの時代といわれた一九九〇－九二年頃にかけて不動産や株式に多額の投資をした上、バブルがはじけて回収不能となってその負債処理に追われ、依頼者からの預かり金に手をつけたり、あるいは株式投資で得た莫大な所得隠しの脱税を行ったりなどの不祥事であり、弁護士自身がバブルに巻き込まれて非行に及んだものであった。

　このような事態は国会でも取り上げられ、検察官が参考人の取り調べの際に暴力を振るったという事件とたまたま重なったこともあって、「法曹界の綱紀粛正問題」として、衆議院の法務委員会で、日弁連に対して参考人の出頭が要請されることになった。

　土屋会長を始めとする執行部は、こうした事態を深刻に受け止め、一〇月一二日には、全国の副会長の一人でもある東弁会長共々記者会見を行って国民に対して謝罪すると共に、全国の会員を招集して自粛を促し自戒を誓い合う決議を行いたい旨を表明した。そして前述のように一一月二二日の臨時総会後、不祥事の再発防止のため綱紀・懲戒手続を一層厳正・迅速に行うと共に、弁護士倫理の高揚と不祥事の再発防止を誓う旨の会員決議を行っていた。

　土屋会長は自ら国会喚問に応じてもよいとされていたが、日弁連としては懸念があった。綱紀・懲戒を始めとして、会員の身分の保障は弁護士法に定める「弁護士自治」制度によって護られている。しかし、弁護士の不祥事などが生じた際には、これまでも「弁護士自治」に対する外部からの批判が加えられたり、弁護士会の懲戒処分が生ぬるいと非難されたりすることがあったため、「弁護士自治」に対する攻撃を危惧《きぐ》し、執行部内でも会長が出頭することには慎重論が相次いだのである。

こうした情勢を踏まえ、一一月二九日に予定された衆議院法務委員会には、事務総長である私が出頭することになった。これに先立ち、一一月二二日に行われた臨時総会の会員集会においては、私が国会での喚問に耐えられるのかと憂慮する会員たちが残り、あたかも模擬テストを受けるかのような質問の集中砲火を浴びたのであった。

法務委員会当日は、学界から鈴木重勝早稲田大学教授、マスコミ界から野村二郎元朝日新聞編集委員、そして法曹界から私、の三名が参考人として出席し、まず一五分ずつ各々の意見を述べた。鈴木参考人は一貫して弁護士会の懲戒手続が不備であり納得がいかないということに終始し、野村参考人は記者を退職した後も検察庁の取材をしている立場から、検察官の暴力事件の背景について意見陳述をした。私は、今回の弁護士不祥事件の原因は、基本的にはバブル経済に弁護士が巻き込まれたものであるが、日弁連における決議に基づき、綱紀懲戒手続の迅速・厳格化や倫理研修の強化、市民苦情窓口の設置指導等に取り組むことを強調した。

その後、参考人に対する法務委員の質疑に入ったが、質問の大半は私に対するものであった。質問に立った委員のほとんどは弁護士出身者でもあったところから、さすがに弁護士自治に触れるような質問はなく、概して好意的に受け止めることができた。しかし、「東京に三つの弁護士会が存在することが市民に対するサービスを妨げている」として、三弁護士会の合併を推進するグループ所属の委員から執拗《しつよう》に、「日弁連が積極的に合併を指導すべきである」という持論を展開されて辟易《へきえき》した。また、他の委員から、「会員の不祥事によって市民が受けた損害を弁護士会が保険を掛けて補償することをなぜやらないのか」と質問され、『過失を前提とする弁護士過誤についての保険はあるが、会員が故意に犯した損害について補償してくれる保険など認められないだろう』と反論したくてもできないというもどかしい思いもした。

数日後、法務省との法律扶助制度研究会の事前協議の際、いつもは私たちと対立し鋭い意見を述べていた担当者から、思いがけず、「あなたが法務委員会で真摯《しんし》に対応している姿に感動しました」との評価があり、ようやくほっとした。

法曹人口を巡り荒れた臨時総会……………………平成六（一九九四）年一二月

すでに述べたように、土屋執行部による「司法試験・法曹養成制度の抜本的改革案大綱」は、理事会で承認されたものの、これを不服とするグループから臨時総会の招集請求がなされたところから、「司法改革のため司法試験の合格者数を相当数増員する」ことを骨子とする執行部案の承認を求める（第一号）議案と、これに反対し「司法改革の進捗度に応じて必要となる人数を改めて決定すべき」とする（第二号）議案を審議するための臨時総会が、平成六（一九九四）年一二月二一日に開かれた。

しかし、総会開催を決定した直後から、日弁連事務局では会員を二分するほどのさまざまな意見が寄せられ、「土屋執行部危うし」の声さえ聞かれた。そこで、一〇月二一日に山形で開催された日弁連人権大会の前夜などにおいて、執行部案の支持派と反対派との調整が試みられたが、到底解消できる状況にはなかった。そのため、執行部案を支持するメンバーは、日弁連の歴代会長を呼びかけ人として「司法改革を進める会」を立ち上げ、総会に向けて選挙事務所ばりの事務所を設置して、全国会員に呼びかける運動まで展開した。総会出席者への委任状集めも、両陣営においてかつてないほどに行われていた。

土屋会長は、第一、二号議案について十分に意見を闘わせるという方針を打ち出した。当時、日弁連会館は新築中ではあったが、日弁連新会館の躯体工事とコンクリート打ちが終わった段階だったので、講堂に予定された二階部分に椅子を持ち込んで開催すれば会員も大勢入れるし、終了時間を気にせず夜を徹してでも行えると目していた。しかし、事務局の「安全管理の問題もある」との意見に応じ、東京商工会議所ホールを会場と定めた。会場の定員を上回る出席者が見込まれたため、事務局では会場内の通路に座る人たちを予測して、折り畳みの椅子を多数用意した。

ところで、各々の立場での運動の水面下では、日弁連を分裂させてはならないとする観点から、双方の意見を調整する動きが見られ、総会数日前に至って執行部案を基調とする一方で、「当面の司法試験合格者数について今後五年間は八〇〇名程度を限度とし、この間に司法改革の進捗状況を検証する」という「関連決議案」の提案が練られていた。

この関連決議案が執行部にもたらされた時には総会は二日後に迫っており、その対応を巡っては総会直前まで、担当副会長（故荒木邦一氏）を中心に討議が重ねられた。検討の結果、関連決議案についてこの時期ではもはや阻止も支持もできないという結論となり、「執行部としては、あくまで理事会決議の貫徹を期する、この関連決議案には賛成も反対もしない、もし可決されれば誠実に実行するのみ」と決めざるを得なかった。現に、総会に上程された時点で、会長は質問に答えてそう述べている。

総会当日、本人の出席は九三三名、委任状による代理出席を含めると八八一九名に及び、五時間余にわたる質疑・討論が行われた。その結果、執行部提案の第一号議案は賛成六対反対四（約）、反対派による第二号議案については賛成四対反対六（約）の割合で、辛うじて執行部案が可決された。

その後、「関連議案一」として前述のような双方の立場を調整する案が辻誠元日弁連会長により発議され、圧倒的多数の賛成により可決された。また、「関連議案二」として、司法試験の合格枠制（丙案）の導入に反対する旨の決議案が提出され、これも圧倒的多数で可決された。

総会終了後、一部始終を傍聴されていた松尾龍彦氏（現・日弁連法務研究財団理事、当時、日本放送協会〔ＮＨＫ〕解説委員）が総長室を訪れ、「日弁連執行部は大変ですね」と言葉を掛けてくださったことが忘れられない。

ところで、関連議案一により「当面の司法試験合格者数については、今後五年間八〇〇名程度」とする提案については、法務省も同調するのではという憶測と、増員するにしても最小限にとどめたいとする反対派の意向を反映させたものと考えられていた。しかし、土屋執行部発足当初から担当副会長としてこの問題にかかりきりであった荒木邦一副会長は、退任の際「関連決議は、事実上なんら質疑討論を経ないで採択された。解釈の指標となるのは、提案理由書と提案者の口頭説明だけである。従って、土屋執行部は、この議論を巡って次年度も怒涛のごとき一年を再現することになりかねないだろう」と予測していた。事実その予測通り、土屋執行部は、この問題を巡って翌二年目に、また臨時総会の開催を余儀なくされることになる。

阪神・淡路大震災発生 ……… 一月一七日早朝

「ぐっすり熟睡中の一月一七日早暁「ガーン」「バリ、バリ」という物凄い音と、上下、東西、南北の大地の震動で、立つこともできず、天井が落ちて来るような恐怖で、布団の中に丸まっていました。四〇秒ほどの地震動が終わった時、我が家は家の内外共に今までに経験もしない大被害を被っていましたが、それが実は被害としては他に比べ微々たるもので、死者五、三〇〇人を超える大災害が発生していることを実感するのに暫くの時間を要しました。やがて阪神大震災を実感すると共に、責任ある自分の立場を考え身震いをする思いがしました」

大阪市の郊外に住居を構え、大阪弁護士会の会長として土屋執行部の一員であった加藤幸則副会長（近畿弁護士会連合会理事長兼務）の、当時の述懐である。

日弁連では速やかに「日弁連　阪神・淡路大地震緊急対策本部」を設置し、土屋会長を本部長、加藤副会長を本部長代行とし、まず全国の会員に向け義援金を募る運動を展開した。実質上は大阪弁護士会の役員室を中心とした近弁連が大地震救援のための司令塔となり、日弁連、大阪高裁との連絡協議、会員の安否、被害状況の調査、地震に関する法律相談Q&Aの作成、配布、地震一一〇番の設置、現地における法律相談、義援金の募集、阪神大震災被災者救済のための緊急提言等の活動を展開することとなった。私が指揮する日弁連の事務局は、これらの活動の後方支援に専念することになる。

最も被害を受けた神戸から、正式に日弁連に寄せられた第一報は、大地震発生の翌日、神戸弁護士会会長（安藤猪平次氏）より土屋会長宛に、「会員弁護士が取り扱っている事件で、期間が法律で定められている控訴や上告の申立ができない事態も生じているので、同会会員について特別の配慮をされるよう最高裁と協議してほしい」との要請であった。

執行部では直ちに、事務総長名で「法令の定めにより遵守《じゅんしゅ》すべき法定期間等に関して期間伸長、控訴行為追完あるいは上訴権回復等法令に従った対応を取られるよう」最高裁に要望した。

二〇日には神戸弁護士会より日弁連に対し、「会員五〇名以上の事務所・ビルが全壊している模様。全壊の事務所はもちろん、その余の事務所も内部崩壊等により会員全員執務不能。一〇〇名程度の会員から無事との連絡があるが、その余の二〇〇名以上の会員の生死は不明」等の報告がなされた。また、二三日には大阪弁護士会より、大阪弁護士会会員の被災状況について「連絡の取れない会員八名。人身・自宅に被害を受けた会員五五名（うち妻死亡一名）、同居していない家族の死亡一名。事務員死亡二名」とする報告が入っている。

このように神戸・大阪両弁護士会会員の被災状況が甚大であることに鑑《かんが》み、二五日、事務総長名で最高裁総務局長宛に「兵庫県南部地震による神戸弁護士会会員及び大阪弁護士会会員の業務について」特段の配慮をされるよう重ねて依頼した。最高裁判所においても、総務局長（後に最高裁判事・故桶井紀夫氏）が窓口となって、日弁連からの上記要望に対する対応はもとより、その他諸々の問題についても日弁連と連絡を密にして情報を交換する等、迅速適切な対応に終始してくれた。

平成七（一九九五）年一月三一日、私は土屋会長、加藤近弁連理事長、野村日弁連副会長、佐伯東弁会長らに随伴して神戸弁護士会を訪問し、震災のお見舞いと激励をし、翌二月一日には大阪弁護士会を訪問し、震災のお見舞いと激励をすることになった。ところが、大阪から神戸に通じる交通網はまだ回復しておらず、福知山線などで迂回《うかい》して、辛うじて神戸に到着した。テレビで報道されていたものの、現実に目にする市街の状態はさながら戦争で破壊されたのかと見紛うばかりであった。倒れたビルを避け、ガレキの山を迂回しながら、数時間掛けて神戸弁護士会にたどり着いた。途中、官庁街のビルは倒壊こそ免れてはいるものの、市役所などは途中の階層がグシャリと潰れて下の階にめり込んでいた。神戸駅から案内して頂いた神戸弁護士会の副会長によれば、会員の人たちの法律事務所のあったビルも潰れたり、辛うじて残った事務所も中に入れず、事件記録さえ取り出せない状況とのことであった。

神戸弁護士会は新築後あまりたっていなかったこともあり建物自体は無事だったものの、役員室内部などは書棚や家具類が倒れ掛かったままであった。

神戸弁護士会会長安藤氏の自宅も倒壊し、二階にあった寝室が前面の路上に投げ出されたような状況だったというが、我が家も顧みず弁護士会に駆けつけるのに一日掛かりだったという。

私たちは休む間もなく三階の講堂に案内されたが、そこには寸分の隙間もなく布団や毛布が敷き詰められ、身の廻りの日常道具などでわずかな仕切りを作って寝泊りしている近隣の住民たちで溢れていた。私は、戦争で焼け出された人たちが焼け残った学校の校舎に避難している風景を思い浮かべていた。震災直後、倒壊することも焼けることもなく残った弁護士会館に、住民たちは唯一安全な場所として逃げ込んだもので、空室もない状態だったのである。我に返ると、消毒薬の匂いが鼻をついた。水洗の水も未だ出ないので、会館の入口脇には幾つもの仮設トイレが設置されていた。

しかし、そうした状況下でも無事だった会員の多くが自分の事務所を放置したまま、弁護士会の駐車場に建てられたプレハブの仮設建物で電話による法律相談を実施しているのだった。

　私は、帰京後、法務省の法律扶助制度研究会の窓口ともなっている法務大臣官房総務審議官（木藤繁夫氏）を訪ね、目撃してきた被害状況を報告すると共に、増大する法律相談等に対応するため法律扶助予算の増額を検討してほしいと要請した。すると、非公式ではあったが、大局的な見地から協力したい旨の好意的な対応を受けた。法務省としても被災地に対応するための新たな法律作りが急務であったし、日弁連・近弁連からもさまざまな要請が行われていたところから、平成七（一九九五）年二月九日、前田法務大臣・草場最高裁長官、土屋日弁連会長は、阪神大震災で被害を受けた地域の法律問題に対応するため、法務省、最高裁、日弁連の法曹三者で協議する機関として「法曹三者震災対策連絡協議会」を設けることを合意した。そしてその運営要領によれば、協議会の構成メンバーは法務省総務審議官、最高裁総務局長、日弁連事務総長とされた。

　第一回の連絡協議会は二月二一日に法務省で開催され、総務審議官より「今後復興に伴う土地・家屋の権利関係等を調整し確定することが重要な問題となるし、また、法律紛争が多発し法律相談が増大することが予想される。そのうち、法律相談で解決されないものは調停に移り、調停でも解決されない場合は訴訟に持ち込まれることになるであろうが、そのような中で実務法曹としてやるべきことを適正に処理することが求められる。そのためにも法曹三者の連絡を密にし、協力関係を作っておくことが必要である」旨の連絡協議会設置の目的が述べられた。その上で、法曹三者各々の立場での被害状況が報告された。

私は冒頭、法務省に対しては「法律扶助の予算措置に関して特別の配慮がなされていること」に、最高裁に対しては「法定期間等に関して期間伸張等法令に従った対応を取られ、当事者の不利益とならないよう配慮されていること」について謝意を表した。ついで、日弁連に集められた資料に基づき、会員及び事務所・自宅等の被災状況、近弁連を中心とした法律相談活動の状況等について報告した。

そして、この協議会では今後、法曹三者において連絡を一層密にして情報交換を行い、相互協力関係を維持・強化し、借地借家・マンション区分所有・建築問題等に関する法的紛争・法律相談・調停等の増加が予想されることに伴い、総合的な万全な態勢を整えることなどを確認した。また今後、法曹三者または二者において必要な実務連絡協議を行っていくこととした。

第二回目の協議会は一カ月後の三月二〇日に開催され、日弁連より「近弁連及び近弁連管内の各弁護士会が実施している震災に関する法律相談の現状」についての報告、最高裁より「調停の現状」についての報告、法務省より「震災関連法」についての報告が、それぞれなされた。その上で、被災者等への説明・広報の協力体制、震災に係る紛争の相談体制の充実・強化方策等について、意見交換が行われた。

第三回目の協議会は四月七日開催され、一般広報の方法等について協議が行われている。

こうした協議会を背景に、法務省と日弁連との実務レベルでの協議も重ねられた結果、法律扶助協会（日弁連の外郭団体であった）が行っている法律扶助事業に対する法務省からの国庫補助金に、補正予算の阪神・淡路大震災関係経費のうちから三億四千万円余が追加されることとなった。平成七（一九九五）年度の当初予算が二億五千万円余であったことに比べれば大幅な増額であるが、他面、これは被災者及び法律相談の多さを物語るものであった。

ところで、翌八年度に至り、法律扶助協会会長（増岡章三氏・元日弁連事務総長）より、「二年目の法律扶助予算を組むに当たっても、大震災の扶助事業を当然継続する約束だったのでは？」と問い合わせを受けたが、正直なところ、震災直後の状況下ではとても次年度以降のことまで頭が廻らなかったと、不明を詫びるほかなかった。しかし、同会長らの尽力で同事業継続のための追加予算を受けることができたと後日聞き及び、安堵《あんど》したのである。

財団法人法律扶助協会による法律相談事業は、法務省と同協会及び近弁連の共催事業として平成七（一九九五）年七月から実施される運びとなる。もっとも、既述のように、神戸弁護士会や大阪弁護士会を中心とする近弁連は震災直後から法律相談に取り組んでおり、平成七年一月二六日から大阪・京都・神戸の各弁護士会に電話による「地震一一〇番」が開設されている上、大阪弁護士会を中心に、被災地区の市町村等に相談員を派遣して法律相談を実施するなどの緊急支援対策を講じている。

日弁連内においても、こうした事業に関連する弁護士業務対策委員会や法律相談事業に関する委員会などから、無料法律相談活動の実施についての緊急提言が土屋会長に提出されている。また、これらの委員会のメンバーのみならず全国の会員の中から、ボランティアで被災地に出向き法律相談を担当したいとの申し出が相次いだ。もとより、会員は皆真剣であったし、被災者のため少しでも貢献したいという気持ちに変わりはなかったのである。

しかし、神戸・大阪を中心に近弁連はいち早く組織的に実行している最中であり、その動向との調整も必要であるし、当面落ち着きを取り戻すまでは、かえってその活動を混乱させかねないという懸念もあった。事務総長室には毎日のように「全国会員の善意に速やかに対応するように」という抗議が寄せられ、中には「すぐにでも行きたいので宿と相談会場を世話してほしい」という要請もあり、私は婉曲《えんきょく》にお断りせざるを得ず、その説明に苦慮させられた。

恐らく、最大の被災地である神戸弁護士会には、なおさらこうした要望が殺到したものと思われる。三月二二日、神戸弁護士会から各弁護士会に宛てられた「ボランティア弁護士の派遣について（ご依頼）」という書面の募集要領によれば、同弁護士会会館で一日二名の相談担当者を募る、その理由として「当会館に一〇〇名を超える被災者が現在もなお避難されており、相談場所を確保できない事情によるものです」とされている。その上で、宿泊・交通機関・その費用・日当は各自の負担でお願いしたい旨が記されていた。

こうした混乱の中、第二東京弁護士会の会員が「会員数名で自主的に神戸を訪れ、被災者の避難場所を廻って法律相談を実施してきました」と報告に来てくれたのが、私には一服の清涼剤のようにすがすがしく嬉しかったことを忘れることができない。

他方、日弁連において全国会員に呼びかけた義援金は、直接神戸弁護士会などに寄せられた分を除いても九一六〇万円余に及び、その一部は日本放送協会に、他の大半は近弁連を通して、被災した会員に提供することができた。

第二次土屋執行部の誕生 ……………………………… 平成七（一九九五）年四月

阪神淡路大地震の対応に腐心する中、平成七（一九九五）年四月一日、土屋会長二年目の執行部が発足した。

日弁連会長は任期二年であるが、東京三会はじめ各単位会の会長の任期は一年であるところから、大半が各単位会の会長を兼務する日弁連副会長の任期は一年とされている。したがって、日弁連会長の二年目は、副会長全員が入れ替わることになる。しかし、新副会長の一人として就任した（故）富岡健一名古屋弁護士会会長が就任間もなく病に倒れられ、前年度の副会長村瀬尚男氏（前名古屋弁護士会会長）が代行として重任することになった。なお、事務総長の任期は定められていないが、会長の任期満了と共に辞任するのが恒例となっており、特別の事情がない限り、任期は事実上二年となっている。

二年目の土屋執行部も、発足早々から滞りなく大地震の事後処理に取り組むと同時に、例年通り、五月の定期総会の準備に取りかかった。

当番弁護士の特別会費決議……………………………………同年五月

日弁連の年度始めの定期総会は、一年ごとに東京と地方の都市で交互に開催されることになっており、平成七年度の総会は五月二六日、東京パレスホテルで開かれた。

定期総会恒例の前年度決算・新年度予算の議案のほか、「阪神・淡路大震災の被災者救済と市民本位の復興等を求める決議」が採択されたが、特筆すべきは「当番弁護士等緊急財政基金」のための特別会費の徴収が議決されたことであった。

当番弁護士制度は平成二（一九九〇）年大分弁護士会で始められ、同四年には全国の弁護士会で実施されるまでになっていたが、各単位会ごとに運用され、これと連動する被疑者弁護援助制度も、各単位会と実質を同じくする法律扶助協会の各支部によって運用されてきた。しかし、当番弁護士制度の発展と共に各単位会・各支部の財政を圧迫することになり、維持するのが困難な状況に追い込まれつつあったため、当番弁護士等の費用の捻出《ねんしゅつ》を日弁連に求める意見が相次いでいた。執行部は前年度から検討を重ねた結果、特別会費の徴収に基づく財政基金を設置することにし、その承認を求めたものであった。この総会決議により、全国の会員が月額一五〇〇円の特別会費を拠出して「当番弁護士等緊急財政基金」を設け、当番弁護士を支える補助金に当てようという措置を講じたものである。

もっとも、日弁連として本来目指すものは、被疑者についての国・公選弁護人の早期実現にあったところから、この特別会費は当面三年間をめどとされた。

父死す……………………平成七（一九九五）年五月二九日

私事であるが、数年前から認知症を患っていた父は、妻（私の母）さえ分からなくなり、老人介護施設へ入園して一年近くを経ていた。

私が事務総長に就任するしばらく前まで、父母は私たち家族のもとに同居していたが、父の介護は母や妻だけでは手に余り、私も入浴や休日の散歩などを担当していた。

総長就任の打診を受けた際、私は『いずれにしろ弁護士としての業務が制約されるのであれば、しばらく仕事を休止してでも父の世話を優先させようか』と迷ったりした。しかし、母と妻から、「(父の) 病状が改善する見込みがある訳ではないので、心置きなく業務を続けては」と言われ、また両親の実家近くに居住する弟たちも、「お父さんを実家に戻し、お母さんと一緒になってお父さんの世話をするから」と言ってくれたため、総長就任に踏み切ったのであった。だが、父は早晩介護施設に入園させなければならない状態に陥っていたのである。

「父危篤」の知らせを受けたのは、仲間の一人であった弁護士の息子さんが急逝したと聞き、日弁連からお通夜に出向く際のことであった。私は乗っていたタクシーを待たせて焼香だけを済ませ、父の入園先に向かった。

父は安らかな寝顔をしていた。私を待っていたかのように、心臓の鼓動を映し出していたモニターの線が直線になった。ベッドの廻りを取り囲んでいた妹たちが今にも泣き出しそうだったので、私はそれを打ち消すように、孫たちに向かって声を張り上げた。

「よく見ておくんだぞ。一生懸命頑張《がんば》った人は、こんなに静かに亡くなることができるんだ」

夜半、父の遺体を実家に搬送すると、翌日の午前中は法務省で司法試験委員を招集しての司法試験管理委員会が予定されていたため、管理委員の一人として会議に出席した後、ようやく通夜の準備に加わることができた。

父の死は周辺にしか伝えなかったが、葬儀は日弁連の事務局の人たちが手伝ってくれ、法務省や裁判所などからも弔問や弔電を頂いた。実家近くのお寺に集まってくれた父の知り合いの下町の長屋の人たちにとって、いつも印半纏《しるしばんてん》を羽織っていた父のイメージとはほど遠かったのであろう。「あの親父さん、若い頃一体何をやっていたんだろう」と、いぶかしげに聞いた人もいたとのことである。

多忙の中、葬儀に参加して頂いた土屋会長から、「明日の執行部会議に出るように」と告げられた。『冷たいな』と一瞬思ったが、翌日遅刻して会議に出席すると、「考える暇のない方が落ち込まないで済むからな」との会長の言葉があった。改めてその温かな真意を知り、感謝したのである。

法曹問題に関する理事会内緊急対策本部を設置 ………………平成七（一九九五）年七月二一日

平成二（一九九〇）年一〇月一六日の法曹三者の司法試験制度改革に関する基本合意に基づき設置されていた法曹養成制度等改革協議会（改革協）においては、平成七年一一月一三日の段階で中間報告書を取りまとめた。この中で、司法試験の合格者数については、外部協議員の多くは当面一五〇〇名とし、法務省もこれに同調し、最高裁も「少なからず増員」としていた。

こうした背景の中で、新執行部は、平成六（一九九四）年一二月の臨時総会で採択された「抜本的改革案大綱と関連決議一、二の趣旨を、秋にも想定される改革協の（最終）意見書にどのように盛り込ませるかということに腐心していた。そして、総会決議に沿った合格者を当面五年間は八〇〇名程度とし、その間、法曹三者において司法基盤整備に取り組むと共に将来の基本計画を策定する、修習制度は現状の二年を堅持する、その上でいわゆる丙案の実施を回避する——を骨子とする「司法試験・法曹養成制度に関する日弁連の提案」を、六月の理事会に提出した。同時に「司法基盤整備・法曹人口問題基本計画策定指針」を示し、最高裁・法務省に対して「基本計画」策定のため法曹三者で協議の場を設けることを求め、日弁連内部にはこの協議の場に提言する「基本計画」の素案を策定する協議会の設置を求めた。

そして理事会で審議を重ねた結果、七月二一日、「司法試験・法曹養成制度に関する日弁連の提案」並びに「基本計画策定指針」が承認された。

しかし、奇《く》しくも同日、政府（総理府）に設置されていた行政改革委員会内の「規制緩和委員会」によって公開された規制緩和の対象とされる項目の中に、「法曹人口の大幅増員」が含まれていた。のみならず、その論点として、日弁連の位置付け、弁護士による法律事務独占の廃止など、「弁護士自治」を揺るがしかねない問題が提起されていた。

このような急を告げる動向に対応するため、日弁連執行部は、同日、理事会内に法曹問題に関する緊急対策本部を立ち上げたのである。

新弁護士会館の完成なる……………………平成七（一九九五）年八月

日弁連と東京三弁護士会からなる新弁護士会館は三三カ月の工期を経て竣工し、八月一日、日弁連・東京三会共催による記念式典が二階講堂において、村山富市内閣総理大臣、法務大臣、最高裁長官、検事総長をはじめとする多数の来賓、五〇〇名余の会員の参加のもとに開催された。引き続き帝国ホテルで催された祝賀会は衆議院議長、東京都知事を始め、列席一〇〇〇名を超える大パーティーとなった。

私は閉会の辞を述べることになったが、会館の建設中に多大な尽力をされた阿部日弁連前会長の挨拶の直後で、屋上屋を架すものとなり、冷や汗を流した。

日弁連では、比較的業務の少ない八月九日から新会館に移転することになったが、旧日弁連会館内に存した資料や書類の移転は一苦労であった。移転を機に保存資料の大半は貸金庫に預けることにし、その整理のため、専門のコーディネーターから整理の仕方やダンボールへの詰め方・整理番号のつけ方など詳細な指導を受けた。そして全職員を動員して整理に当たり、新会館に運び込むものを区分けして移転したが、新会館での業務を開始できたのは約一週間後の一七日であった。

これに伴い、三八年余にわたり日弁連活動を支えてきた旧会館の歴史は幕を閉じた。旧会館は昭和三一年に財団法人刑務協会から買い受けた建物で、三階建・延五五〇坪であったが、日弁連の活動の発展と共に狭くなり、収容しきれなくなった資料は廊下などに積み上げられていたため、一層狭くなっていた。

総長室も、次長や職員の机を並べるだけで精一杯の状態だった。殺風景な部屋ではあったが、私の机の背後に面した窓枠に沿って小さなバラの鉢が一〇個ほど並べられていた。聞けば、私の二代前の事務総長であられた井田恵子さんが持ち込まれたものとのことだったが、井田さんは事務総長の任務を全うされた後、亡くなられていた。

移転の際、「この花鉢をどうするの」と職員に尋ねたところ、処分するほかないという。そこで私はダンボールに入るだけ詰め込み、宅配便で自宅に送って、狭い庭に植えた。

日弁連初の女性事務総長として慕われ（北海道大学法学部初めての女子学生でもあられたと

いう）、また若くして亡くなられた（平成五年、享年六二歳）ことを惜しみ、「井田さんの名を残したい」という会員らの声と寄金が寄せられていたところから、新会館一五階の会員室・ラウンジに三基の花壇を設け、季節の花を飾ることになった。「永遠に花の輝きを・井田恵子記念フラワー基金」と名付けられたコーナーは、今もなお受け継がれている。

石見《いわみ》法律相談センター活動開始 ……………………平成七（一九九五）年九月

弁護士過疎地対策のパイオニア事業として日弁連、中国弁連、島根県弁護士会の共同で島根県浜田市内に「石見法律相談センター」が設置され、九月一日にスタートした。

私は、土屋会長や担当副会長に随伴してその記念行事に参加することになり、現地で落ち合うことにしていたところ、途中で地震が発生して、会長の乗り合わせた列車の到着が遅れてしまった。そのため、急遽私が挨拶を代行する羽目になったが、「相談センター」に掲げる看板は会長と共に無事到着し、事なきを得た。

同センターでは、予約を受けて毎週金曜日に法律相談を実施することになったが、すでに二、三カ月先まで予約が満杯の状況にあるため、臨時の相談日を設けるなどして滞留者の減少に努めることになった。状況次第では、運営委員会において相談日を増やすことも検討することになろう。相談担当者（参加希望者）名簿には全国から二五四名の会員が登録されており、第二、第三の常設相談所の設置が期待される。

坂本弁護士とご家族　遺体で発見される　………………同年九月（坂本堤弁護士一家殺害事件）

横浜弁護士会所属の坂本堤弁護士とその妻郁子さん、長男龍彦ちゃんの一家三人が拉致《らち》されてから五年一〇カ月の間、日弁連は対策本部を中心に救出活動を続けてきた。土屋執行部も発足以来、重要懸案事項の一つとして、いろいろな取り組みを行ってきた。しかし「生きて帰れ」の願いも空《むな》しく、九月六日に坂本弁護士と郁子さんが、九月一〇日には長男龍彦ちゃんの遺体が発見されるという、最も憂慮された事態に至った。

この日発表された会長声明の一端が、全国会員の気持ちを代弁していた。「基本的人権の擁護と社会正義の実現のために業務を行っている弁護士に対し、家族まで巻き込み、その命まで奪うという許し難い行為には満腔《まんこう》の怒りを禁じ得ません」。そして、「坂本弁護士一家の無事救出のためご協力頂いた多くの皆さんに感謝すると共に、かかる事件が再発しないよう、今後とも国民の方々と手を携え、一層の努力をする所存です」。

この直後、日弁連新会館講堂において「生きて帰れ　坂本弁護士」と題して市民と共に開催する予定だった日本フィルハーモニー交響楽団によるコンサートは、幻に終わった。私と広報課長は中止を知らずに訪れる人たちを会場入口で待ち受け、新会館の竣工記念のテレホンカードを一人ひとりにお渡しして深くお詫びした。

臨時総会で報酬基準規定改正　……………………　平成七（一九九五）年九月

新装なった講堂で初めての臨時総会が九月一一日に開催され、懸案の報酬等基準規定の改正案が上程され、承認された。報酬規定の全面的改正は司法改革の一環として位置付けられ、市民の弁護士に対するアクセスを容易にするために、極力、報酬金額の明示化、定額化、簡素化を図り、市民に分かりやすく利用しやすくすることを企図したものであり、今後は各単位弁護士会においてこの基準規定に基づき報酬規定を改定することになる。

総会の審議の中で、「日弁連はこの規定を市民に周知徹底するためPRすべきである」との要望がなされた。日弁連はもとよりであるが、各単位会のみならず会員一人ひとりが各々の業務のよりどころとなる報酬規定を身近な市民の人たちに周知できるよう努め、市民からのアクセスをより容易にしてほしいものである。

坂本弁護士ご一家合同葬　……………………　同年一〇月

一〇月二二日、横浜アリーナにおいて無宗教、参列者献花方式で行われた日弁連・横浜弁護士会による坂本弁護士ご一家の合同葬には、二万六千名余の会員、市民が参加し、涙を新たにした。「開式の辞」において黙祷《もくとう》を宣した私の声も思うに任せなかったが、夜半、妹から「テレビニュースで流れた声だけで、お兄さんだと分かった」という電話があったほど、一般の人たちにとっても大変な衝撃を受けた事件だった。

続く一〇月三一日、同じ横浜の関内ホールで開催された第六回坂本全国集会「究明坂本弁護士一家事件―この事件決して許さない―」には、一〇〇〇名収容の会場に二一〇〇名余の市民が詰めかけ、これからも坂本事件の真相解明を求め続けると共に、今後再びこのような事件が発生することのないよう、国・自治体・市民が一体となって万全の対策を講じ実行していくことを訴えるアピールを採択した。

改革協に対する「新・具体的提案」の臨時総会 ……………………… 同年一一月二日

「法曹養成制度等改革協議会（改革協）」において、日弁連委員は、土屋執行部がまとめた「司法試験・法曹養成制度改革に関する日弁連の提案」をもとに司法試験の合格者を当面八〇〇名とする主張をしていたが、厳しい意見にさらされていた。

法務省・最高裁は、「一五〇〇名を視野に当面一〇〇〇名程度に増員し、修習期間を一年に短縮する」との案を示していたが、これさえ、外部委員からは「生温《なまぬる》い」とされていた。

他方、丙案を回避するために必要な司法試験の検証結果も、得られる見通しが立たない状況にあり、改革協は丙案実施を視野に、九月段階で一一月一三日には最終意見書をまとめることを決定した。

また、規制緩和委員会は日弁連に対しさらに攻撃的であり、「合格者を一五〇〇名以上とし、修習期間を短縮する」、「司法書士に訴訟代理権を与える」などの意見を打ち出していた。日弁連は公開討論を求め、「司法の在り方の根幹にかかわる問題が、行政改革、規制緩和という観点から論じられるのは行政と司法とのあるべき観点からも疑問である」とし、「我が国の司法の置かれている現状から、司法基盤の整備や司法の機能の強化こそ急務であり、単なる弁護士人口の増加のみでは司法の現状は改革されない」と主張したが、四面楚歌《しめんそか》の状態にあった。

執行部はこうした状況下で、日弁連八〇〇名の案では、改革協における抜本的改革案(最終意見書)に日弁連の意見を反映させ、丙案を阻止するということは困難であり、一〇〇〇名に増員する案の再提案を選択することを決断した。しかし、この案は平成六(一九九四)年一二月二一日の臨時総会で承認された関連決議一に反することになるため、これを改める決議が必要となる。しかも、この決議は改革協の最終報告書がまとめられる一一月一三日までに行わなければならないのである。そこで執行部は、平成一一年から合格者を一〇〇〇名程度とし、その後の増員については法曹三者で検討する、修習期間二年は原則堅持する、丙案の回避について法曹三者協議会で協議する——これらを改革協に対する「新・具体的提案」として理事会に提示し、一〇月九日に承認を受けた。

なお、その間にも東京弁護士会所属の理事より、「将来的には一五〇〇名の増員について検討する」、「修習期間を一年半を限度として短縮する」旨の提案がなされたが、最終的には執行部案が承認され、再度の臨時総会が開催されることになった。

そして、その総会において執行部の提案は承認され、二年越しの論争に一応の区切りがつけられたのだが、この日の日弁連案をもってしても、改革協での抜本的改革案をまとめることは容易でないことが想像され、また法曹三者による「丙案回避」のための協議の可能性も危惧《きぐ》された。他方、規制緩和委員会の動向にも配慮しなければならない。そこで執行部は、理事会内の対策本部を中心に、国会対策やマスコミ対策に力を入れることになった。

しかし、日弁連のさまざまな努力や運動も空《むな》しく、改革協において一一月一三日にまとめられた最終意見書の多数意見は、合格者を一〇〇〇名に増員し、中期的には一五〇〇名程度を目標とし、修習期間を大幅に短縮する——というものであり、日弁連の目指した「抜本的改革案」は遂に実現しなかったのである。

結果論であるが、日弁連において、より早い段階で一〇〇〇名案がまとめられていたら、また、修習期間の短縮も視野においていたら、あるいは丙案の実施を回避することができたかもしれない。そう考えると、一層空しさが募った。

司法試験管理委員会、遂に丙案実施を決定 ……………… 平成七（一九九五）年一一月

改革協の最終意見書の発表を受けて、一一月一一日、司法試験管理委員会が開催された。同委員会は法務省の管轄で、同省の法務事務次官、最高裁事務総長、日弁連事務総長の三名で構成され、法務事務次官が議長を務めることになっている。

改革協での「抜本的改革案」がまとまらず、また過去五年の検証期間中の司法試験の結果においても丙案を回避するための結果は出ておらず、今年度の試験結果によっても三回以内の受験者の合格者は三〇％とする検証基準を満たさなかった。したがって、管理委員会による丙案実施の決定は、もはや避けようもない状況を迎えていた。

議長の「丙案実施は止むを得ないですね」という議事の進行について、私は、「本日の会議は、司法試験の検証結果に基づいて丙案の実施を確認するものなのか、それとも、この会議で実施を決定するということになるのですか」と質問した。「実施を決定するのです」という答えであったため、私は、念のためあらかじめ用意した日弁連意見に基づく丙

案回避の理由を記載した書面を提出し、実施に反対の意見を述べたが、最高裁・法務省の賛成によって、丙案実施はあっけなく採決された。

自分の無力さに打ちひしがれて法務省を退去した私は、一人とぼとぼと日弁連に戻る間には家裁の建物ぐらいしかないのに、二つの建物の隔たりがどれほどあったのかと痛感させられた。大通りに面した日比谷公園の銀杏並木はすっかり色付いており、寒々としたビル風が私の体を吹き抜けていった。

大韓弁護士協会との定例会議 ……………………………… 同年一二月

近年、韓国の大韓弁護士協会と日弁連との交流会議が行われており、双方の役員が一年置きに訪問し合うことが慣行化されていた。この年は日弁連が一二月一六日に韓国のソウルを訪れることになっていた。

奇《く》しくも、韓国においても弁護士の資格試験を巡る改革が論議されている最中にあり、日本における司法試験改革の動向には韓国でも関心が持たれていたため、私に対して経過報告が求められた。私は丙案実施が決定されて間もない時期でもあり、口惜しさも混じって、「司法試験管理委員会では残念ながら一票差で負けた」とまず報告した。「しかし、委員会は三名で構成されている」と付け加えると笑いが起こり、期せずして親睦感を増すことができた。

平成八（一九九六）年

関弁連地区別懇談会で……一月

関東弁護士会連合会（関弁連）と日弁連とは、関弁連大会だけではなく、関弁連を構成している一〇県下の各地を持ち廻りで懇談会を開催しており、平成八年一月二七日には甲府市で行うことになった。

あらかじめ関弁連側からテーマが出され、その中に「日弁連会長選挙に要する運動資金の実状を話してほしい」との要請が含まれていた。関弁連理事長によれば、当日は「会場にマスコミを入れないように配慮しているので、是非とも実体的な内容に触れてほしい」ということであったため、私が土屋会長の意向を確かめると、「私の選挙に掛かった費用について公表することは構わない」と了解された。

会長選挙の運動資金については公表義務が課せられてはいるが、費用額については規制されていなかったところから、これまで、激しい選挙戦が行われるたびに『一億円以上にも及ぶのではないか』という憶測がなされていた向きもあった。そのため、「実質上、立候補者の範囲を狭めてしまうのではないか」という問題提起であった。

私は、日弁連に届けられている土屋会長の運動資金が五八〇〇万円余りであったことと、その内訳を公表すると共に、「私見ではありますが、今後、候補者の選挙費用の限度額設定の是非や公的負担の範囲、直接選挙自体の再検討など、さまざまな観点から検討の必要があるのではないでしょうか」などと、偉そうに私見の開陳をしてしまった。

ところが、数日後の週刊『法律新聞』紙上で「巨額な日弁連会長選挙費用・事務総長が検討示唆」という見出しですっぱ抜かれてしまったのである。翌日、関弁連理事長が詫びに見えたが、後の祭りだった。

また、同日、事務総長としての会務報告の中で、日弁連の機構改革について、次のように述べた。「一例として、事務局において各委員会等の事務の一環として職員が行うコピーの枚数は、最近の一カ月平均で五七万三五五八枚、代金額は二五七万円余に及びます。委員会別に分類され、各々の委員会予算の中で負担してはいますが、この枚数は、取りも直さず職員の労力や委員に対する郵送費などにも反映しています。そこで、事務局としては、極力節減されるよう委員の方々にも徹底してもらい、また担当職員を通じて経費の肥大化を防ぐ努力を致している訳であります……」。

その時点での諸状況を概説する。土屋執行部発足の際、定期総会で重要課題の一つとして掲げた日弁連自体の機構改革は、昭和六一（一九八六）年以降活動を事実上停止していた日弁連機構改革委員会にフル稼働してもらい、「各種委員会について統廃合すべきものがあるか」との執行部の諮問に対する答申を踏まえ、既存委員会の統合または廃止に向け各々の担当副会長が腐心していたが、総論賛成、各論反対というのが、対象とされる委員会の反応であった。

土屋会長は常々、自分の代では極力統廃合を実行する反面、原則として新しい委員会は創《つく》らないという持論を述べておられた。

日弁連には現時点（平成七年度）において、弁護士法、外弁法、日弁連会則・会規などによって設置を義務付けられている一五の委員会のほか、理事会によって設置された特別委員会や対策本部、協議会、さらにはワーキンググループと称するものまでを含めると、六五余りに及ぶ委員会等がある。その上、委員会の中には部会も設置されており、例えば比較的規模の大きな人権擁護委員会は七つの部会、四〇余の事件委員会、一七の調査研究会を内包している。

これに対する職員数は六四名であり、この中には総務、会計といった部署の事務担当も含まれているから、委員会担当の職員は、一人で幾つもの委員会を担当することになる。また、事務総長を補佐する事務次長は二名で、この二人が全委員会を二等分して担当することになっている。従前から次長の増員説が出ているにも拘《かか》わらず、会費の値上げが先決ということで、今しばらくは二名体制のままである。そして、事務局の立場としては、新たな委員会等が作られる都度、どこの課で受けるのか、どの職員が担当するのかを定め、次長の職務分担の振り分けをしなければならないのである。

このままでは、日弁連の活動は、まず事務レベルで人的にも財政的にも限界に達してしまう。

私は、こうした視点からも、日弁連の機構改革が急務であることを会員に訴えたかったのである。

一般会費値上げのための臨時総会 ……………… 平成八（一九九六）年二月二三日

平成七年五月の定期総会で、当番弁護士等緊急財政基金のための特別会費月額一五〇〇円の徴収が始まっており、さらに会員の一般会費の増額を求めることは、執行部にとって悩ましい問題ではあった。会費は平成四（一九九二）年四月に一〇〇〇円増額された後は据え置かれたままであった上、平成七年度予算を組む際には繰越金予定額が五四七万円余りと切迫した状況だったことから、次期執行部の予算編成に間に合うよう、平成八年四月より「一般会費を月額一〇〇〇円増額する」との会則改定案等の承認を求める臨時総会であった。

思えばこの二年の間に、当番弁護士のための特別会費の徴収から始まり、地震義援金、坂本弁護士一家合同葬の費用、丙案阻止のための新聞広告費用など、一般会費で賄えない出費を、その都度カンパという名目で徴収させてもらった挙句《あげく》の値上げだった。

また、こうしたことから、土屋執行部はその存任中に四回の臨時総会を開催したことになる。ともかく、これは当時としては異例のことであった。

事務総長任期満了……………………………平成八（一九九六）年三月

三月三日に任期を満了した私は、しばらくは放心状態というより心身共に〝金属疲労〟に陥っているという感じだった。自律神経失調症の症状も顕《あらわ》れ、任務を終えた充実感というより、自分の非力さ、日弁連の活動の限界といったものへの空虚感の方が勝っていたと言ってもいい。

弁護士は個々に独立しており、弁護士自治によって裏付けされているからこそ、自由な活動が保障されている。しかし、独立した自由な発言はややもすれば自己主張につながりかねないし、賛成も反対も〝正義〟なのである。そうした体質は、皮肉にも多数決原理にさえなじみにくいと言えなくもない。

総長室には多くの会員が訪れさまざまな意見を述べてくれたが、正直なところ日弁連全体の立場からみると、受け入れ難い意見も少なくなかった。しかも、納得してもらうことはなかなか困難なことだった。そんな折には、『日弁連からもらう私の給料の一端は会員の人たちから補ってもらっているのだ』と言い聞かせながら、話を伺うことにしていた。

私は退任後、『心身共に回復するまでは公の席では発言しないようにしよう』と自分に言い聞かせた。当初は、『弁護士を廃業して弁護士評論家にでもなろうか』などと、不埒《ふらち》?な考えさえ浮かんでいたからである。

数カ月間はほとんど弁護士らしい仕事もせずに（もっとも在任中は全くできなかったのであるが）過ごした。ある知人は、私が難病の筋無力症に罹《かか》っていないかと心配し、その道の専門医を紹介してくれた。幸い筋無力症ではなかったが、まさに無気力症だったのである。

そんなある日、日比谷公園辺りをあてどもなくぶらぶら歩いていると、裁判所近くで、司法研修所時代に同席したことのあった民事裁判教官（裁判官）にばったり出会った。

裁判官は当時東京地方裁判所で破産部の部長を務めておられ、私に「事務総長を退任されて時間があるなら、破産管財人を引き受けてくれませんか」と声を掛けてくれた。

こうして私は、思いもよらず『株式会社経済革命倶楽部（ＫＫＣ）』の破産管財人に就任することになった。

同事件の被害者とされる債権者（会員）は一万二千人にも上り、高率の配当を謳《うた》って会員から集めた出資金は三五〇億円とも報道されていた。その債権の内容を債権者集会の期限までに確認するには毎日五百通の債権届出書に目を通さなければならない計算だったが、その作業を半年余り続けるうちに、私は久しぶりに弁護士らしい仕事をしている実感を味わうようになり、同事件に没頭して五年を経過する間に〝無気力症〟は次第に消えていった。そして、いつの間にか、事務総長として過ごした二年間は、はるか遠い過去のように思えてきた。

しかし、短くて長かったこの二年間は、私の四〇年余りの弁護士生活の中の貴重な数頁として忘れられないものとなったし、その経験は今も日常の業務の中でさまざまな形で生かされていることを、改めて実感しているのである。

当時お会いした方々の中には、もう幽明界を異にし、お話しすることができない方々もいらっしゃる。だが、不思議なことに、事務総長時代の問題解決に苦しんでいる夢を見ると、時折出てこられて、「やあ、お元気ですか」と挨拶されることもある。目が覚めて思わず当時の記録を紐解《ひもと》いたりして、懐旧にふけることも多いのである。

終わりに

弁護士という職業は、文中でお話ししたように多種の職業の方々との接点がある。それは、依頼者に限らず役所の窓口の方、医師、はたまた必要があればヤクザなど千差万別である。

諺《ことわざ》に「芸は道によって賢し」というのがあるが、そのとおりに、やはり分野分野に独特のノウハウがあるものだと痛感する。当然弁護士という職業にもノウハウがあると考える。

ところがあるとき、知人に「弁護士という職業にもノウハウがある」と話し始めたら、怪訝《けげん》そうに「そんなものがあるものか」と言われてしまった。

弁護士の仕事は、法律を前提にするものであり、法律から離れて考えるわけにはいかないのではないか、だからノウハウなどないのでは、というのである。法律など無味乾燥なものという思いがその前提にあったのかもしれない。しかし、法律も様々で、使い方や解釈次第で相当幅があるものである。使うか使わないのかの余地もある。

弁護士は、どんな時にどんな法律をどのように使うのか、使わないのが妥当なのか。長い間弁護士をしていれば、自分の依頼者や相談者のためになるのかならないのか、それまでの体験を踏まえて考える習性が自ずと出来上がっているのである。

また、実際の裁判の場で、どのような主張をし、どのような立証活動を行うのか、そのためにどのような準備をしたらよいのかといったことも、長年の経験から身についてきている。これらこそが私の言おうとしたノウハウの一部なのである。

反面、これをあからさまにしてしまうことは、自分の手の内をさらしてしまうことでもあるから、現役で頑張っている間に話してしまうことには私自身にも多少の抵抗があるのは事実である。

だが弁護士なら、誰でもこのようなノウハウをたくさん蓄えているのではなかろうか。

ただ、多くの弁護士に共通するものはあるにしても、性格・専門・地域・環境等により弁護士には異なるものもあるはずである。

法律は人を規制するものでもあるが、人それぞれの生き様を反映して、その規制に対する考え方も様々であろう。また、弁護士としての体験・歴史も異なるから、体験の中からつかんだノウハウも様々であろう。

私のように、わずかな人数の事務所で長年過ごし、市井の個人的事件を比較的多く手掛けた者と、近代的で弁護士が大勢いる事務所や、主に大企業の事件を扱う弁護士のノウハウとは異なるものが少なくないと想定される。

弁護士人口の大幅な増加が図られ、これからの弁護士事務所がどのように変化し、弁護士の業務に対する取り組みがどのように変わっていくのかによって、そのノウハウも自ずから変化することは当然考えられる。

従って、私がノウハウと考えているものは、私が生きている時代を反映し、私の生き様を写しているものといわざるをえないであろう。

私自身は、いわゆる昔は町医者と呼ばれ、今は開業医という、幼児から老人まで、どんな病人でも診てくれる医師には、これからも残ってほしいと願うものである。同じように下駄履きで相談に来られる、市井の弁護士がいてもいいではないか、そんな思いであえて私のノウハウを人目にさらそうと考え、自問自答しながら書き上げたのが本書である。

しかし、省みれば、偉そうにノウハウなどと言ってはみたものの、その大半は、私の失敗した体験から得たものの集積に過ぎないことを痛感している。やはり一件落着とはいかないことばかりであり、今後の課題ともなろう。

前回の『一見落着』発刊の際、特に刑事弁護の立場から監修をして頂いた向井惣太郎弁護士が、先年五五歳の若さで亡くなられた。彼のご冥福を祈るためにも、前の著作の時の彼からの進言を取り入れ、続編を書いておきたいという想いもあって本書を刊行したのである。

最後に、凸版印刷の椙山好久氏より、守門岳に咲く花々の素晴らしい写真をご提供頂き、心から御礼申し上げる。編集等については、前の著作『一見落着』同様、母校中央大学の出版部と同部で編集を担当されておられる柴﨑郁子さんにいろいろお手数をおかけ頂いた。また、大学時代からの親友であり、現在も出版社や学校等で活動している園山貫雄氏に、校訂や装丁、私のゆかりの新潟の守門岳山頂の撮影など、一切お世話をおかけし、本書発刊にこぎ着けることができたことに、あらためて心から感謝したい。

二〇一〇年　九月

稲田　寛

著者略歴

稲田　寛（いなだ　ひろし）

弁護士（東京弁護士会所属）。一九三五年八月三〇日、東京・本所亀沢町に生まれる。第二次大戦中に父母の出身地である新潟県栃尾市（現長岡市）に疎開、中学卒業まで在住。一九五九年三月、中央大学法学部法律学科卒業。東京弁護士会副会長、最高裁判所司法研修所教官（民事弁護）、日本弁護士連合会事務総長などを歴任。二〇〇六年春、旭日小綬章受章。

一見落着、再び
私の日弁連事務総長物語

二〇一〇年一〇月七日　初版第一刷発行

著　者――稲田　寛

発行者――玉造竹彦

発行所――中央大学出版部
東京都八王子市東中野七四二－一
〒一九二－〇三九三
電　話　〇四二－六七四－二三五一
ＦＡＸ　〇四二－六七四－二三五四
http://www2.chuo-u.ac.jp/up/

印刷・製本――藤原印刷株式会社

ISBN978-4-8057-5225-8